会津こぼれ話

――伝えておきたい会津の話

笹川壽夫

歴史春秋社

会津　こぼれ話

――伝えておきたい会津の話

目　次

会津こぼれ話 ―伝えておきたい会津の話

右記の書籍において、左記の誤りがありました。
お詫びして訂正いたします。

六頁　十三行目
（誤）山川　大蔵（浩）
（正）山川　浩（大蔵）

七頁　一行目
（誤）日本三大文珠祭
（正）日本三大文殊祭

一一頁　三行目
（誤）高さ十一cm
（正）高さ百五cm

二九頁　八行目
（誤）おかしきを言をいひ舞でおどる
（正）おかしき言をいひ舞でおどる

九八頁　六行目
（誤）結能《けつのう》集落
（正）結納《ゆいのう》集落

二一〇頁　キャプション
（誤）珍しい三階建の煉瓦蔵（若喜商店）
（正）珍しい三階建の煉瓦蔵と、蔵の前の若菜正男さん

会津こぼれ話

――伝えておきたい会津の話

一、会津の歴史に誘われて

1　会津の慶長大地震

平成二十三年（二〇一一）三月に東日本大地震が起こりましたが、慶長十六年（一六一一）、ちょうど四百年前に会津にも大地震が起こっております。この時は、マグニチュード七・三ほどの大地震で、震源地は柳津の南の方とされています。

そのため、二万数百戸が倒壊し、死者は四千人に近かったと言います。その時、大川、日橋川や只見川など、会津の川が合流する箇所は、大きな災害を受けたのです。喜多方市慶徳町の山崎の集落では川の底が隆起し、川をせき止め、東西四㎞、南北二・五㎞の大きな湖と化してしまいました。山崎新湖と呼ばれています。川の北の五つの村、南の七つの村が水没し、会津坂下町の青木などはこの時、現在地に移転しております。

そして、そこを通っていた越後街道は通れなくなり、新ルートを作らねばなりませんでした。新街道が出来るようになった結果、坂下の村が宿駅として繁栄するようになったのです。

この地震は会津盆地の西の内縁に当たる美里・坂下・山都・熱塩を結ぶ会津活断層と呼ばれるものが引き起こしたといわれております。

また、この時、一村が全滅した所があります。そこは、現在、西会津町になっていますが、大杉山という山村でした。現在は小杉山に移転しましたが、元は一・三㎞ほど南、飯谷山の七合目にあったのです。その時、この村は山崩れで百余名が死亡して、たった五人だけが生き残ったのです。

移り住んだ、現在の小杉村の沢の傍には、高さ十一㎝、幅三十六㎝の慰霊の供養塔があります。これは地震後、百四十一年経ったあとの宝暦二年（一七五二）の命日の八月二十一日に建てたものです。今年になって、二度ここを訪れましたが、村人たちがあの大地震を偲び、忘れないようにと二百五日間かけて掘り起こした埋没者をここに合葬供養したものなのです。以後、村人たちが小屋がけをして守ってきたのですが、長い月日を過ごしたこの供養塔も頭部の辺りが欠け始めています。それがとても哀れに感じられました。

その碑の三面に彫られている字は、所々判読できませんが、『新編会津風土記』には、「老若男女百有余亡者、百五十箇年而奉造立七宝塔以神供養時立」とあります。この時の地震の形見の慰霊塔など、今はこしか残っていません。奇しくも慶長十六年は会津藩祖保科正之が誕生した年でもありました。

（ラジオ福島　平成23年7月放送）

2　珍しい「鉄火裁判」

鉄火裁判は戦国時代に行われた訴訟のことです。理屈では解決できず、双方納得の行かない場合に行われた裁判の一つであります。それは罪の有無を試すために神前において熱した鉄の棒を双方に握らせ、熱さに耐え切れずに投げ捨てた者を有罪としたのです。会津藩では、野沢組の綱沢村と松尾村との山の争いで鉄火裁判が行われたことが有名です。

長い間お互いに争いが激しかったのですが、特に元和五年（一六一九）一月の争議には、綱沢村が松尾村の非を訴える訴状を藩に提出したのですが、その理非を判断することができなかったし、双方とも納得することができなかったのです。そこで、会津藩は最後に解決策として、「鉄火の勝負」を行うこととしたのです。

この「鉄火取り裁判」は元和五年八月二十一日野沢の総鎮守の諏訪神社の神前において行われました。藩からは仕置奉行四名が立ち会いました。境内には両村の村人が東西に別れて裁判の行方を見守ろうと固唾をのんでいました。

松尾村からは清左衛門が代表となり、綱沢村の方では肝煎になったばかりのまだ十五歳の少年、治郎右衛門が悲壮な覚悟で臨んでおりました。両者とも麻の裃をつけて、炎の赤く立ち上がる炉の前に進みます。最初に綱沢村代表の治郎右衛門が請願文の書かれた護符を両手の平に捧げもって、立会人が火中より真赤に焼けた「鉄火」を挟んで治郎右衛門の手の平に移します。これを受け取った治郎右衛門は三度まで押し頂いてから所定の台に置き、鉄火を落としませんでした。

次に松尾村の清左衛門の両手に鉄火を置きました。ところが、請願文は燃え上がり、熱い鉄火の苦痛に耐え切れずに地面に放り出して息絶えてしまったのです。これによって、綱沢村の勝ちが宣言されたのです。哀れなのは松尾村の清左衛門でした。「御成敗」になって、死体を首切りにされてしまいました。さらに、清左衛門の遺骸を頭部、胴部、脚部に三分割してその山の境界にあたるところの三箇所に埋めて、そこに境塚を築いて以後山争いがないようにと見せしめにされてしまったのです。勝った治郎右衛門も手の平がただれてしまい、以後働くことが出来なくなってしまいました。

負けた松尾村の方では犠牲になった清左衛門を供養しませんでしたが、後世、村人の夢にしきりに出てきたので、昭和二年に境塚の三箇所に供養塔を建て、松尾の真福寺の境内にも墓碑を建てたのです。この「鉄火裁判」の因縁によって現在でも、行政区が同じになっても、両村の間では婚姻関係を結んだことがないといいます。


（ラジオ福島　平成23年7月放送）

3　会津藩の名家老　田中正玄の逸話

会津藩祖、保科正之の時代のお話です。その時の家老として田中正玄の名を忘れることはできません。その頃の幕府の家老、土井利勝は、今大下に三人の名家老がいると言っていました。尾張の成瀬隼人、紀州の安藤帯刀と、この会津の田中三郎兵衛正玄だと言います。中でもこの正玄が一番評判が高かったのです。

保科正之には、娘が九人いましたが、その内、六人が早死にしています。その中で、長女の媛姫《はるひめ》は米沢へ、松姫は加賀へ嫁入りしていますが、中でも松姫は将軍のお声がかりで加賀藩に輿入れをしました。その時についていった老女が藩邸にやってきて老中の田中正玄に次のように話したと言います。

「ご新造様のお手許には余分の金子がございます。これを箱の底にしまっておいても無駄です。これを貸して利息をとって、後々のお姫様のお役に立てとうございますが、いかがでございましょうか」

その言葉を聞いて、田中正玄はまじまじと相手の顔を見つめて、小声で、

「汝、気が狂っているのではありませんか」と言ったので、その老女は馬鹿にされたと思い面白くないので、「なぜですか、その理由を聞きたい」と怒ります。そこで、今度は殿様の保科正之にこの趣旨について、直に話をしました。すると、正之は、田中正玄と同じようにまじまじとその女の顔をみて、

「そちは、気が狂っているのではないか。松姫は、加賀百万石の主人を夫に持っているのに、何の不足があって、金銀を貯える必要があるのだ」

と、きつく言ったので、その侍女は恥ずかしくなって退出したという話が伝わっております。後で、その話を聞いた加賀藩の家中の者たちが、

「会津藩では、主君も、家臣も一致して政治を行っている。実にその呼吸のあった行為は見事である」

と褒め称えたと言います。保科正之は、絶えず倹約倹約と言っていたが、利殖によってまで、財政を立てようとはしませんでした。それは、家老の正玄と共通した認識だったのです。そして、このようなすばらしい田中正玄という家老がいたからこそ、正之が二十三年間も会津に帰らずに、安心して、藩政を任せることができ、幕府の補佐役としてその業績をあげることができたのです。主従がピッタリと呼吸を合わせた会津藩政のお話です。

4　殖産事業に貢献した、林家

寛政の会津藩の改革の主役は家老の田中玄宰《はるなか》でした。しかし、改革の蔭の協力をした商人、林和右衛門の存在も忘れることは出来ません。

林家は四代に亘って、会津藩の産業・財政・文化に尽したことは衆目の見るところです。林家五代の光治は、天明の飢饉に際して御用金調達のために大坂の鴻池家などとの付き合いから、二千両ほどの借財をまとめています。そして、大坂の蔵元との交渉などを藩士の添え役としてたびたび上方に行って実際に交渉しております。その時の旅日記が残されております。

また、会津藩直営の酒蔵建設にも協力しています。会津ではその頃、醸造技術が未熟であったため、灘の杜氏の茂兵衛ら三名を呼ぶことに成功して、会津の酒を飛躍的に向上させました。会津本郷焼の磁器の開発のため、佐藤伊兵衛を有田（現佐賀県）に侵入させたのも林家七代目の光正でありました。

さらに、会津漆器産業の改善を申し出たのもこの林光正でした。この場合もやはり技術者の養成に力を注ぎました。それは会津の漆器のデザインも江戸や上方とは物凄く劣っていました。つまり、当時の流行や風習に完全に立ち遅れていたのです。会津の図案は古臭い儒教みたいなもので、画風の新鮮さがなかったのです。

そこで、林光正は写生派の技法を学ばせるために遠藤香村を江戸、上方で三年間修業させたのです。そして、彼は自宅の蔵を工房にして、京の蒔絵師、木村藤造等を招いて若い者を育てていったのです。

さらに、この光正は会津の芸術文化の発展にも大いに寄与したのです。それは、全国的に会津の商品の質を高める努力をして「商品の価値を高める」という藩の地場産業の向上に大変功績があったのがこの林家だったのです。そのことについては一般的に、あまり知られていないのは残念です。

林家は分家して今でも永宝屋《えいほうや》という屋号を守っていて、酒造業、味噌醤油業などで活躍しています。なお、戊辰戦争の時、薩長軍が、軍資金として大坂の鴻池家に依頼したところ、鴻池家からは「会津攻撃の際は林家の蔵だけは破壊せずそのまま保存しておくように」と条件をつけたと言い、西軍は、林家には手を付けなかったという話も残っております。

（ラジオ福島　平成24年11月放送）

5　会津藩士の給料

江戸時代の武士は、殿様から領地を貰ってそこから年貢として米を得ていたのです。それを「知行《ちぎょう》」といいます。その土地からあがる米を全部取り上げてしまうと、領民は生活できません。だから「五公五民」とか「四公六民」という制度が生まれました。

会津では、始め藩祖の保科正之が新しい給与制度を考えました。それは、家来には「領地」を与えず、領地からの全ての米を一旦藩に納めて、給料として米や金を与えるという給料制度を取り入れたのです。その時、会津藩では最高の家老には三千石から千石の給料で抑えました。そして、次の位の番頭《ばんがしら》級のクラスを八百石ほどにして、その代わり、三百石から百石取りの中間層の武士を多くしたのです。その平均的な百石取りの武士は会津では約五百人もおりました。

百石取りの武士の例をとりますと、百石のうち、「四ツ成」といって実際に支給されるのは四割の四十石なのです。そのうち、四分の三にあたる、三十石は米で支給され、後の四分の一の十石は金で支給されたのです。米は収穫時に、お金は収穫後、米が売れた後の旧暦十二月に支給されたのです。これで、何とか年末の借金を払って年越しの準備をすることが出来ました。

ところが、文化三年（一八〇六）に大変なことが行われたのです。それは、その前年に、六代藩主と七代藩主が相次いで亡くなり、物入りが多くなり、藩の財政は危機に瀕してしまったのです。

そこで、会津藩は「賄《まかな》い扶持《ぶち》」（面扶持《つらふち》ともいいます）という制度を導入したのです。今までの給料制度は一切無効、家老から足軽まで、一日に大人一人当り「米五合の均等割り支給」にしたのです。藩の重役の家でも皆と同じように分配されたのです。これは物凄い緊縮政策でした。この制度は緊急な制度だったので、三年間で廃止されました。

そのくらい藩の財政は苦しくて五代藩主容頌《かたのぶ》の時は六十五万両の借金があったといいます。その頃、江戸の藩邸の賄いが一万両強であったといいます。したがって、藩主の生活費も僅か三百両という質素なものだったのです。

会津藩ではしきりに倹約令を出しますけれども、一向に効果が上がらなかったといいます。武士の世界も思ったほど裕福ではなかったのです。このように会津藩でも物凄く質素な生活を余儀なくされていたのです。

（ラジオ福島　平成24年11月放送）

6　金にまつわる話二つ

この話は、小川渉の『志ぐれ草紙』にある話です。

会津藩士に、酒井文吾というものがいました。会津人参の輸出方勤務で、会津と長崎とを往復していました。長崎の商人の足立仙十郎と親しくしており、藩の命令で藩財政が苦しくなり、二万両を借用する命令を受けて長崎に赴きました。そこで、彼はさらに一万両上乗せして三万両の借金を依頼したのですが、うまくいかなかったのです。

文吾は、この足立仙十郎に年賀の宴会に招かれます。宴席で酒が回るに連れて、この足立は、文吾が下戸なのを知って、大きな盃を八つ重なったものを出し、「これにて各杯の酒を飲み干せば、三万両は差上げましょう」と言ったので、文吾は同席していた神保修理に保証してもらって、その八つの盃に満々と満たした酒を前に並べて、息もつかずに残らず飲みつくして「三万両は約束どおりいただいた」と言って帰っていきましたが、人事不省におちいり、その後どうなったかは全く覚えていなくなってしまったそうです。

帰る途中、長崎の丸山という花街の楼の下に倒れていたのを介抱され、三日三晩の間、醒めずに苦しみましたが、遂に三万両を借り受けて大いに賞賛されたといいます。文吾は、酒を飲んで死んだ者はいないと言って、どうせ反吐《へど》を沢山吐いたら醒めるだろうと思って悲壮な覚悟で飲んだということでした。このように借金するのにも命がけのことだったのです。

金にまつわる話として、もう一つお話しましょう。会津藩士に三沢牧右衛門という者がおりました。江戸の町を歩いていると、道に銭袋が落ちていました。拾うと大金が入れてあったので、落とし主がいないか、と探していると、真っ青な顔をした手代風の者が、主人の用事で出たが、金七十両を入れておいた銭袋をなくしてしまって途方に暮れていたというのです。そこで、牧右衛門はその者の言うような模様の付いた銭袋に間違いがなかったので、その銭袋を与えたところ男は大いに喜び、その場にて一つかみの金子を礼として与えようとしましたが、牧右衛門は堅く断り、姓名を尋ねても、告げずに去っていったのです。大変かっこいいことをしたのです。

金を落とした男は、いつか感謝すべき時もあるだろうと思って牧右衛門の後をそっとつけて、会津藩邸の門番に名を聞いて帰っていきました。その後しばらく経って、芝神明神社に太神楽の祭りがあって、多くの人が参詣しようと社前に集っていたところ、大きな幟に「会津藩　三沢牧右衛門様　武運長久祈願」と記した幟を立て置いたので、牧右衛門もびっくりしました。その事が人々の大評判になります。この大幟を奉納したのは、あの銭袋を拾った者だったことが判明し、その好意に感じて奉納したとのことでした。これから、この三沢牧右衛門は次第に立身出世して、家も栄えたと言います。（ラジオ福島　平成24年11月放送）

7　会津藩の少子化対策

現在、人口の減少が深刻な問題となっていますが、会津藩でも人口減少が起こって、その対策を行っています。四代藩主容貞の延享三年（一七四六）の時、町奉行の神尾大蔵が将来の人口減少を心配して少子化対策を積極的に行うべきだという意見書を提出しております。

この五十年間に四千人もの人口が減少しているところから、その対策として妊婦に手当を与えるために財源や予算案まであげてその対策案を上申しているのです。この当時としては非常に積極的な提案だったのですが、会津藩のお偉い方々は聞く耳を持たずに採用しなかったと言います。

その結果、神尾大蔵の心配した通り、四十年後にはもっとも多かった人口の時よりも、五万人もの人口が激減してしまったのです。「間引き（陰殺）」や凶作飢饉も影響しているものの、減る時はアッという間に簡単に減るのです。増加するには長い年月がかかるという事を会津藩では実感したのです。

善龍寺の大雄得明という住職は、「産子養育」に力を注ぎます。彼は間引きの風習をなくさせようとその対策として、米四十七俵二斗を村中から差し出させ、これを「囲い米」として備蓄し、貧困の者が子を産んだ時にその養育米として支給するということを実行させたのです。これによって間引きはなくなり、この方法が藩内各地でも行われるようになったのです。

それらが契機となって、藩でも寛政十三年（一八〇一）には妊婦が妊娠して八ヶ月から産後四ヶ月まで、夫の夫役《ぶやく》（強制労働の税）を免除することを定めております。さらに二人目の子の場合には、産後八ヶ月、三人目には産後十二ヶ月まで夫役を免除して子の養育を援助しています。

また、十歳以下の子供が三人いる家庭には金銭や衣服料や手当米を与えております。また、母親が亡くなった家庭の乳飲み子には養育費が与えられるなど手厚い対策が採られています。三つ子が生まれた時は、ご褒美として米五十俵が与えられました。これは、今でいう子供手当、出産手当といったものに当たりますが、この時、今のような制度が既に行われていたのです。

藩祖保科正之は様々な福祉政策を採っております。寛文三年（一六六三）には九十歳以上の老人に対して貴賤を選ばず、一人扶持の手当を与えております。この時、会津では百十五人いたといいます。さらに「社倉制度」を採用します。これは米七千俵を藩で買い入れ、それを各代官に預けておき、翌年から二割の利子で農民に貸付け、その利子で年々米を増やして凶作の年に備えるというものでした。このように会津藩でも現在のような福祉政策が採られていたのです。それにつけても、現在の少子化対策の何とお粗末なことでしょう。

（ラジオ福島　平成24年11月放送）

8　保科正之の社倉制度

会津藩祖、保科正之に関する逸話は数多く残してありますが、彼は社会福祉にも成果をあげております。まず領民の親孝行や善行を奨励し、それをほめ称えております。

また、倹約・質素を勧め、しきりに倹約令を出しております。藩士に対しても「料理は一汁三菜、酒は三献となすべし」とか、「九十歳以上の者は貴賤を選ばず、一人扶持ずつ与える」などを積極的に推し進めています。この時、会津では九十歳以上の老人たちに、今でいう年金を授けたのです。

彼がもっとも力を入れたのは「社倉制度」を採ったことです。明暦元年（一六五五）に凶作に備えるために正之は「社倉」という制度を作りました。これは中国の朱子学の朱熹の「社倉法」に倣《なら》ったものと言われています。

その制度はまず、米七千俵を藩で買い入れ、それを各代官に預けておきます。そして、翌年から二割の利子でもって、農民に貸し付け、その利子で年々蓄えの米を増やして凶作の年のために備えるというものでした。当時、利子は四割もしたといいますから非常に助かったのです。後に五万俵にも達したと言います。米の増加につれて倉庫を村々に建てて、それを「社倉」と名づけました。

そして、正之の後、享保七年（一七二二）の時、三代藩主、松平正容《まさかた》は将軍より「会津の社倉の法はまことにすばらしい。大いに行うべし」とほめられたので、この社倉法をますます強化していきました。

さて、この「社倉法」には、「社倉米」と「社倉金」とがありまして、農民の食用として、高百石につき八俵を二割の利息米を取って貸しました。また病人、堤防工事の人夫、新田開発者、火災に遭った町人などには無償で与えることもありました。

また、先ほどの九十歳以上の者に与えるものも、この社倉米から出されていました。延宝三年（一六七五）には大凶作に見舞われ、長岡藩から米借用の要請があって会津藩では米二千俵を送ったといいます。この年、越後では二万人の餓死者が出たと言いますが、会津藩ではこの社倉制度の恩恵があったと言います。

しかし、後には一種の強制貸付制度になってしまいました。それは藩財政の立て直し策に変わっていったので、藩の貸米拒否が発端となり、「寛延の騒動」にまでなり、農民が改善を迫って若松に押し寄せたと言います。保科正之の社倉制度も後の世になると、様変わりしてしまったようです。

（ラジオ福島　平成24年11月放送）

二、会津の話　あれこれ

1　南山御蔵入

「御蔵入」という言葉を知っている人たちが会津でもだんだん少なくなってきました。南会津郡から大沼郡の一帯にかけて「南山《みなみやま》御蔵入」と呼んでおります。「御蔵入」とは天領とか、幕領とかいいますが、幕府の直轄地であったのです。

南山とは、若松から見て南の山々に当たるために言われたのだろうと思います。面積からみると、会津藩領と御蔵入とはほぼ同じです。しかし、会津藩領は二十三万石に対して、御蔵入は五万五千石です。

これは米の収穫量が違ったためです。会津藩の藩祖保科正之が治めた時は、この御蔵入を含めて二十八万石だったのですが、その当時、水戸藩が二十五万石で（後に加増されましたが）、会津藩が御三家より多く貰ってはまずいということで、南山御蔵入を「預かり地」という形をとったのです。

しかし、三代藩主正容の時代に幕府はこの「会津藩預かり地」を取り上げて幕府の直轄地としてしまったのです。これは、一つには幕府の財政困難からと、もう一つには、徳川家康の祀られてある日光東照宮の防衛のためではないかと言われておりますが、その理由はよくわかりません。

その後、明治維新までは、「会津藩預かり」と「幕府領」とが交互に繰り返されております。「会津預かり領」が五回（百七十五年間）、「幕府領」が四回（僅か四十五年間）と繰り返しておりました。

この地は、南会津郡と、大沼郡の約半分に当たり、特に大沼郡東部は会津藩領とくっついていたので、会津藩領の高田村の家と、すぐ隣りの家が「御蔵入」永井野村との境になっていて往来は頻繁に行われていましたが、制度や法令などは異なっておりました。そこで、商売はこの御蔵入の方が、制約が緩くやり易かったといい、永井野村に引っ越して商売を行う者も出てきました。

このように一歩踏み出しただけで、会津藩と幕府領との境界がはっきりしなかったのですが、幕府領は僅か四十五年間でしたので、両者のほとんどの人々は日常の暮らしには違いを感じなかったようです。

今では、両領の文化・しきたり・人情・風習などには若干の相違がときたま現れますが、御蔵入の方には戦前までは純朴な気風が残っていました。そして、幕領時代の古文書や文化財、民俗資料などを多く残している貴重な地方でもあるのです。

（ラジオ福島　平成24年7月放送）

2　会津人と海

会津は山と山とに囲まれた盆地なので、海といえば昔は多くの人々は猪苗代湖だと思っていた時代もあったくらいです。

ところが、今から百八十年ほど前に、ロシアが樺太（サハリン）で日本人の番人に乱暴を働いていた時がありました。そこで、会津藩と仙台藩とに北方警備が命ぜられます。会津藩は文化五年（一八〇八）の一月から二月にかけて四回に分けて出陣します。

総勢約千六百名が樺太・蝦夷へ赴き、十一月の帰還まで防備しています。この時、沢山の会津藩士たちが船に乗って、海へ乗り出した最初の出来事だったのです。この時まで海を知らない軍隊が北の果てまで出かけたことは、会津藩にとって画期的なことだったのです。

さらに翌々年から十年間、三浦半島の沿岸警備を命ぜられます。新しく船を造り山国の会津藩が再び海岸防備に駆り出されています。その時の話として、「会津藩は海に慣れていないので、船での戦いは不利だから、敵が上陸して攻めて来た時に一気に戦うことの方がいい」と言って、船での戦いは避けたという話も残っております。

戊辰戦争で敗れた会津藩は、猪苗代と斗南との選択に迫られます。猪苗代は狭いし郷里に近いとシガラミがあるといって、家老の山川浩と広沢安任たちは斗南三万石に移住する事を決意します。その理由の一つに、海を持つ国での新しい国づくりに意欲を燃やそうとしたのです。しかし、現実は厳しく、海への夢を実現することなく、廃藩置県のため斗南藩はなくなってしまいます。痩せた土地での斗南藩での生活は悲愴なものだったのです。

明治になって、旧会津藩士西郷寧太郎は、明治維新後、欧米の国々との交渉、貿易には船舶の必要性を感じて、「我が国の急務は船舶の運用にあり」と考えて岩崎弥太郎創業の「三菱蒸気船会社」に入ります。そして、貫効丸《かんこう》という船の船長になります。ところが寧太郎は、鹿児島県の船を助けるために出かけますが、その時自分の船も事故に遭い、亡くなってしまうのです。

彼は三百五十石の会津藩士で、秋月悌次郎も彼を将来見込みのある人物だと評価しておりました。しかし、寧太郎も開明的な行動を発揮しないまま、残念ながら海の藻屑となって消えてしまったのです。海のない会津人として早くから船の時代を察知していた人物だったのです。

（ラジオ福島　平成24年7月放送）

3　若松の「町割り」

若松の「町割り」の基礎を築いたのは蒲生氏郷です。「町割り」というのは、今で言う「都市計画」のことです。また、「若松」と名づけたのも蒲生氏郷です。それ以前は「黒川」と言われていました。

城下町は、皆さん御存知のようにお城を囲んで町が形成されています。そのすぐ周りには「内堀」があります。そして、お城に最も近い所に主だった家臣の屋敷があります。さらにその周りには多くの家臣たちの屋敷が並んでいます。

その家臣たちの屋敷の外側には、「外堀」が巡らされてあります。この外堀には十六の土塁や門が築かれて、郭内《かくない》の出入りにはこの十六の門を通らねばなりません。この出入りは厳しくされておりました。それは防禦体制の町を作るために必要だったのです。外堀の外側は、町人たちの家や商店、寺社が密集して賑わっていました。なお、ここには昔からあった武士の家や、身分の軽い者たちの家もありました。

若松では「外堀」の内を「郭内」と言い、その外側を「郭外」と言っております。郭内の内堀は、今でも残っておりますが、外堀の方は完全に埋められて、今ではその跡を辿る事は難しいです。ただ、その名残として土塁の一部が花春町に残っております。

なお、この外堀の門の外に通じる町名をとって「大町口」とか「甲賀町口」などと言っておりました。現在、甲賀町口の郭門のあった西側の石垣だけが唯一その痕跡を留めております。ここはお城の正門から北に広い道が一直線にのびている幹線道路だったので、戊辰の役には必死に守り通したところです。そして、西軍への降伏式が行われた屈辱の通りでもあったのです。

また、この郭内は、東西二キロ、南北一・五キロの広さで、ここには町とつく町名はありません。東西の通りを「丁」と言い、「一ノ丁」「二ノ丁」と言い、南北の道で郭外の道に通じる所を「通り」と名づけ、「大町通り」「桂林寺通り」などと言っておりました。今でもその名は親しく使われております。

この郭内は、戊辰戦争後は、焼け野原になってしまい、その跡は桑畑になってしまいました。戦後はこの郭内が栄えるようにと願って、「栄町」と名づけ、その後、西と東とに分けております。だから、栄町はそんなに昔からある町名ではありません。

第二次世界大戦ではほとんど町は安泰でしたが、戊辰戦争後の若松の町は焼け野原になり、その破壊の跡はすさまじいものだったのです。

（ラジオ福島　平成24年7月放送）

4　会津藩士の嗜みと礼儀

武士のエチケットや嗜みについてお話しましょう。小川渉が書いた『志ぐれ草紙』（復刻版・歴史春秋社）という書に奇妙な話、変わった話が載っておりますので紹介します。

会津の藩士がいつも懐中に持っていたというものは、まず携帯用の小鏡と櫛だったのです。鏡は身だしなみを整えることにも使いますが、「魔除け」に持っていたとも言います。また、針と糸も持参していたのです。身分の低い男も、出先での簡単な綻びぐらいは繕うことが出来なくては恥をかくことになったので、絶えず持っていたと言います。

また、絹の褌（男のクラシックパンツ）をいつも持っていたと言います。それは、絹の下帯《したおび》は高価なものでしたので、低い身分の武士は、いつも履いているわけにはいきません。そこで、普段は木綿の褌をしめて、一旦緩急、命をかけるような時には、絹の褌をしめて臨んだそうです。それは、命を落とした時に、尻を検視します。その時、絹の褌をしていないと、差別されて武士とは扱われず、そのまま菰を被せてしまったそうです。

また、絹の袱紗《ふくさ》（絹の切れ端）を必ず武士は持っていなければならなかったのです。刀を見る時は、必ず袱紗を刀に巻き付けて刀を鑑賞しなくてはならなかったのです。それが大事なエチケットだったんですね。だから、持っていなかったことから決闘に及んだこともあったそうです。

武士の敬礼について、話をしましょう。足軽十人に小頭がいてその上に足軽大将がいて、これが足軽の給料を決めていたと言います。だから、足軽は足軽大将の物頭には頭があがらなかったと言います。

また、藩主がお通りになる時は、藩士たちは皆土下座して、番頭《ばんがしら》がいちいち紹介します。その時、藩主は雨の日でも「良き天気」と声をおかけになります。このように、今では考えられないような仕来りやエチケットが要求されたのです。

（ラジオ福島　平成23年2月放送）

5「会津万歳」の行方

若い人たちにとって「万歳」と言えば上方のお笑い漫才のことだと思うだろう。クラシックの万歳としての「会津万歳」もしだいに今消え失せようとしている。しかし、その歴史は古く江戸の初めに遡る。

会津の万歳師は、江戸時代前期には既に活動していたようだ。『家世實紀』によると、寛文六年（一六六六）九月二十一日の項に「御領内事触之類、或は万歳獅子躍、他領に出候儀御制禁仰せ出ださる」とあるところから、この頃には冬になると、産業のあまりない在所では万歳、獅子躍り等の他領への出稼ぎがあったようである。それを禁止したことがここに記載されているのである。

また、文化五年（一八〇八）の『慶徳組風俗帳』には「万歳、参河万歳と申して家毎に廻り目出度子供をかぞへ、太夫と申す者ゑぼしを冠り、浅黄木綿へ鶴の丸を付け、直重《ひたたれ》を着、一人は才蔵とて浅黄木綿の頭巾を冠りつつみを打ちおかしきを言をいひ舞でおどる。其の時米銭の類を祝儀にだす」とある。

他の風俗帳にも万歳のことが記載されているが、ここにあるように三河の万歳がやってきたわけではなく、『若松風俗帳』にも「万歳近在より出る、家々に来て春賀を唄ふ、米銭を出して祝ひ申し候」とあるところから、懸田弘訓氏によると「いずれも参河万歳と言っているが、現行の会津万歳は芸態も詞章も三河万歳よりも尾張万歳に近い。三河を名乗ると御祝儀が良かったことによるのであろう」（『会津若松市史21巻』）という。

会津坂下町新舘の会津万歳

会津万歳は「御座敷万歳」といい、決して一人では演ぜず、必ず二人一組になって、お正月に目出度いお祝い芸を行う。このような会津万歳師も明治になると少なくなってくる。それでもまだ坂下の新舘《にいだて》にはその後継者が残っていた。

造酒屋の「会陽」の杜氏として越後の三条からやって来た東海林《しょうじ》亀吉が盛んに演じていたという。「会陽」が廃業した後は、東海林大夫と名乗って夫妻で冬になると各地を廻っていたという。

その順路は、毎年十二月二十八日に坂下を出発して、仙台～牡鹿半島～女川を経て、元日には金華山で迎えたという。最盛期にはこの新舘集落五十数軒のうち、十五組の万歳師が各地に出かけたこともあったという。

会津万歳の演目は「五万歳」（予祝万歳）と「五説教万歳」からなっていた。

■「五万歳」

一、年始万歳……正月に戸毎に廻って演ずるもの。
一、屋建万歳……新築祝いを依頼された時に演ずるもの。
一、厩祭万歳……馬を新しく入れた時に演ずるもの。
一、頼朝万歳……子供が生まれた時、頼朝のように丈夫で偉く育つようにと願い事を演ずるもの。
一、経文万歳……彼岸や仏の供養などの時に演ずるもの。

■「五説教万歳」

一、八百屋お七
一、小栗判官
一、阿波の鳴門
一、石堂丸
一、信太の森（葛の葉の子別れ）

（『会津坂下町史・民俗篇』より）

これらは誰でも知っている長編の物語を演じるものである。大夫は扇を持ち、才蔵は鼓を持ち、節を面白く付けて言葉の掛け合い、踊りの仕草で演じる。縁起のいいお祝い事で、多くの人たちに持て囃されていた。万歳の言葉は口伝《くでん》だったので、正確には残っていない。しかし、会津坂下町の新舘の柳左近、同町の勝大の仙波善之助、履形の三瓶友衛の三氏によって、幸いなことに書き留められていた。それが『会津坂下町史・民俗篇』に記載されているのは僥倖といわざるをえない。

また、大夫が着用する直垂の背中の紋は丸鶴であるが、これは藩主松平容保公が京都守護職の時、会津より万歳師を招いて、正月元旦に紫宸殿関門の祝い事をしたことから、鶴ヶ城の「鶴」を紋にすることが許可されたのである。以後代々、「丸鶴」を必ず着けて演じている。

西会津町屋敷万歳の追憶

一方、西会津町の宝坂《ほうさか》地区にある鬼光頭《きこうづ》川流域の、屋敷、楢ノ木平、熊沢等の集落からも万歳師が幾組も出ていた。昭和二十七、八年頃が最も最盛期で、同四十年頃まで続けられていたと言う。この地方は豪雪地帯で、冬季間は仕事が出来ず、副業として年末から春の農作業が始まるまで、越後を始め、いわき、南会津の各地を回っていた。屋敷の人形芝居の元祖と言われる、藤原勇さん（大夫）も、その長男の清鬼《せいき》さん（才蔵）と各地を回っていた。人形芝居の方は、十一月から翌年四月迄、田植後から七月迄興行していた。清鬼さん宅には、昔使っていた人形の頭や腕、着物、傘や烏帽子といった小道具が当時使用したトランクや行李に保管されている。

万歳の方は、勇さんが亡くなった後、藤原清鬼さんは楢ノ木平の齋藤弘さんと組んだ。その当時、河東町強清水《こわしみず》の大夫が吹き込んだという会津万歳のテイチクのレコードを同集落の佐藤猪松さんが持っていた。そのレコードを齋藤弘さんが磨り減るほど繰り返し聴いて覚えたという。

この齋藤さんと組んで回った当時を振り返って、故藤原清鬼さんは、次のように言っている。

齋藤さんは、なかなか熱心な人で、熱心に万歳を覚えようとしていましたが、レコードで覚えたせいか、テンポが速すぎて合わせるのに苦労しましたな。

二人で、いわきに行った時、まず家の中に入っても、家の人たちが出てこないんですよ。玄関を入ると真正面に四mもある大きな神棚があって、祈祷と悪魔払いをしてから七福神の万歳を演じたんです。それが終わってから、ようやく家の人たちが顔を見せて挨拶をするのです。初めはびっくりしましたが、それがこの地方のしきたりだったのですね。また、ある銀行に行った時、たったの一円玉一枚をもらったことがありましたよ。唖然としてしまいました。銀行には金が一杯ありすぎる程なのに、こんな馬鹿にした態度をとる銀行はその後、経営が思わしくなくなったという事です。

越後の人は非常に信心深い人が多いですね。案外苦しい暮らしをしている家の方でも、情をかけてくれる人が多いですよ。礼金も多くあげていただいたことが懐かしく思われますね。

屋敷の人形芝居（藤原清鬼師）

各地を回ることによって、人生の縮図のようなものを感じられたようだ。そんな「屋敷万歳」も、ここでは演じられなくなって久しくなってしまった。

安佐野の会津万歳

そんな会津万歳を残そうと懸命に活動をしているグループが、実は湖南町にある。今や会津万歳を伝承している所は、この湖南町の安佐野《あざの》地区だけになってしまった。安佐野は初め二本松藩、中地は会津藩、両方が合併して、それぞれ一字ずつとって、［中野］という合成地名にしたのである。その安佐野という名もなくなろうとしている。

一方、会津坂下の新舘では昭和の三十年代から万歳芸を受け継ぐ者がいなくなってしまった。それを受け継いでいったのが、湖南町の安佐野地区の心ある人たちだったのである。この安佐野でも以前から会津万歳が盛んに行われていた。しかし、それもだんだん廃れていこうとしていた。

そこで、この伝統芸を残そうと、熱心な人たちが集まって「会津万歳安佐野保存会」が昭和四十九年十月一日に結成された。増子平治さんが中心となり、増子倉市さんらが後輩に指導していた。そして、各地から依頼があり、出かけて演ずるようになったのである。

ここに増子平治さんが『安佐野　会津万歳』という書を書き残している。整然と丁寧に書かれたもので、今では後継者たちにとって非常に参考になっているという。一方、増子倉市さんは『会津万歳の基本』という題で、約百八十頁に及ぶセリフを書いた冊子を残している。

これは、『会津坂下町史』に記載されているものと比較すると、若干異なる所があるが、概ね似通っている。

これによると、坂下の新館の会津万歳の流れを受け継いでいて、安佐野の特徴がよく出ている。

このような安佐野の活動が認められて、翌昭和五十年十二月二十五日には、郡山市の「重要無形文化財」の指定を受けた。そして、この増子倉市さんたちは、昭和五十四年三月二十一日に、テレビ朝日の番組にも出演する。さらに昭和五十六年一月九日、十日には、東京の国立劇場の大舞台で会津万歳の公演という華々しい活躍を成し遂げたのである。

これらの活躍によって、この年三月に福島県の重要無形文化財の指定を受けた。さらに平成四年十二月六日には、愛知県安城市の文化センターで行われた全国古典万歳大会にも出演し、大いに会津万歳の存在を示すことになった。

熱心な保存活動

ところが、平成になると、会員の高齢化や後継者の不足から次第に活動が鈍くなった。平成十七年に、伝統の民俗芸能が途絶えそうなのを心配した、湖南公民館長の萱野洋子氏の熱心な働きかけによって、公民館の特設講座を開き、ここに再出発することとなった。

「安佐野会津万歳保存会」のメンバー十一人が積極的に参加した。週一回、指導者の渡部寅男さん、荒川佐吉さんから、その伝統芸を受け継ごうとした。この保存会の会長には、消防団長の増子広和さん、副会長で事務の仕事を一手に引き受けている、増子功さん、佐藤達男さん、他に増子倉市さんの息子の邦男さん、荒川隆行さんらが集まって、先輩の残した会津万歳を継承しようと立ち上がったのである。

この萱野洋子館長の働きかけた講座は、その後も続けられたが、特に発足してから一年間はセリフやしきたりを覚えるのに一生懸命だった。皆、六十歳前後の人たちだったが、まだ、現役で仕事をしている方たちも多いので、稽古の時間をつけるのが大変そうだった。今では、練習は会員の家で、夜七時から九時まで行っているが、時のたつのを忘れるほどの力の入れようである。

特にセリフの暗記には苦労しているとのことである。若い時と違って覚えが大変とのことだった。やはり、芸事は小さい頃からやった方がよいという。漸く平成十九年の湖南町の第十回文化芸能発表会で「七福神万歳」を披露した。

さらに、平成二十年一月には、郡山市文化センターにて出演し、新聞紙上にも取り上げられた。演目は多くはないが、「七福神御祝」を主に公演している。

現在の悩みは高価な万歳用具等の購入である。絶対なくてはならない鼓は十五万から三十万円くらいもする。幸い、「財団法人明治安田クオリティオブライフ文化財団（現・公益財団法人明治安田クオリティオブライフ文化財団）」から補助してもらって、なんとか購入している状況である。

このように、会津万歳の伝統を継承している姿は素晴らしいものである。それも、天保四年（一八三三）に、旧二本松藩から旧会津藩に編入された湖南町の安佐野にこの「会津万歳」が生き続けているのは感動の極みである。

なお、南会津町田島、丹藤の樋口充さんと樋口弘一さんとが組んで、会津万歳を演じ、田島の小学生に伝えていることも耳にしている。会津万歳もささやかに存在し続けているが、いつか絶えてしまうのではないか、と思うと風前の灯のように弱々しく感じて仕方がない。

（『会津人群像14号』〈平成21年刊〉所収）

6　会津の暦の話

暦の歴史

暦の始まり

我が国の記録に「暦」ということばが出てくるのは、『日本書紀』の欽明天皇十四年（五五三）六月の項です。推古天皇十年（六〇二）十月に百済《くだら》僧、観勒《かんろく》が来日し暦本・天文地理の書を献上して、ここに中国の太陰太陽暦が入ってきたのです。天平七年（七三五）に唐より帰国した吉備真備《きびのまきび》が『大衍暦経《だいえんれききょう》』などを請来し、「大衍暦」が採用されました。

暦には太陽暦・太陰太陽暦・太陰暦があります。さらに、記載内容・使用目的により分けられますが、最も多いのは「具注暦《ぐちゅう》」と「仮名暦」です。中でも具注暦は中国の暦に倣《なら》ってつくられたものです。すべて漢字で書かれてあり、日時・方角の吉凶や禁忌《きんき》などの暦注を記した暦で、貴族たちが行動の指針としていました。また、仮名暦は、仮名を主とした平易なもので、平安後期からつくられるようになり、人々は日常生活の拠り所として使用していました。

鎌倉時代になると暦の需要が盛んになり、木版による印刷が試みられます。南北朝以後、朝廷や公家の権威が衰退すると、地方文化の交流により暦の需要が高まり、各地で地方暦が作成されるようになります。三島暦・南都暦・会津暦・鹿島暦・大宮暦などが社寺や大名の保護を受けて毎年発行されるようになりました。

平安時代から八百年ほどは、中国から渡った「宣明暦《せんみょう》」の時代が続き、貞享《じょうきょう》元年（一六八四）に廃止されるまで行われていました。しかし、その暦の誤りを指摘した渋川（安井）春海（一六三九～一七一五）は長年かけて「大和暦《やまと》」（貞享暦）を完成させ、日本最初の日本製暦法として採用されました。この暦の推進者は、会津藩主保科正之でありました。

その後、間接的に西洋の暦法を取り入れた寛政暦や天保暦が作成され、太陽暦に変わるまで二十九年間用いられたのです。幕末になって外国人との交渉では日付の相違から問題を抱えるようになりました。そこで、明治五年十一月九日明治政府は突如《とつじょ》太政官布告《だじょうかんふこく》を出して、十二月三日を以て明治六年（一八七三）一月一日とし、従来の一日十二辰刻制から一日二十四時間の定時制への切り替えが秘密裏に行われ、ここに現在の太陽暦が採用されたのです。

会津暦

奥州第一の会津暦

会津暦は永享年間（一四二九～四〇）に始まると伝えられています。現存するのは寛永十一年（一六三四）以降のものです。この会津暦は東北地方における最も代表的な暦で、若松の諏方神社の神官三家の諏方・佐久・笠原によってつくられ、七日町の菊地庄左衛門が版木にして売り出したものです。神官三家の分は氏子等に頒布《はんぷ》する賦物《ふしもの》で、菊地庄左衛門は売暦として東北関東に売り出したのです。したがって、この暦は「諏方暦」とも呼ばれていました。

この暦は「綴《つづ》り暦」でありますが、袋綴ではなく折目を内側にした「大和綴」になっているのが特徴です。しかも摺《す》り方は活版印刷と同じく、半月分を一ページにしたものを四ページ分一枚に摺って折りたむ仕方であったのです。なぜ製版印刷ではなく、このような活版印刷になったのかは謎といわれていますが、特色ある暦として、また価値ある暦として評価され、現在、会津図書館や天理図書館などに保存されています。

保科正之と渋川春海

保科正之の出現

会津藩祖、保科正之は、徳川秀忠の子として慶長十六年（一六一一）に生まれ、三代将軍家光とは異母弟にあたります。始め信州高遠《たかとお》藩主保科正光の養子となり、後、最上《もがみ》藩を経て寛永二十年（一六四三）に会津藩主となります。兄家光が亡くなる際には、四代将軍家綱（当時十一歳）の後見役を依頼され、幕藩体制の確立に尽力することになります。

寛永十四〜十五年（一六三七〜三八）の島原の乱以後、戦国の世から泰平の世へと移る時代となります。武士は武力よりも施政者としての能力が必要となってきたのです。その方向性をしっかりと把握して政治に向かったのがこの保科正之でした。したがって、彼の政治の根本となったのは「民の生活の安定を確保する」治世にあったのです。

「殉死《じゅんし》の禁止」「江戸城天守閣の再建見送り」「玉川上水路の開削《かいさく》」「明暦の大火に対する処置」などの施政を行う過程には、武断政治から文治政治への新たな時代の流れが現れていました。そして、会津藩政においては、民生福祉政策が採られ、「社倉制度」（飢餓救済）、「親孝行の奨励」「高齢者への年金支給」などの民生が積極的に実行されたのです。これは儒教、特に朱子学や神道からの影響が大きかったといわれています。

新暦作成と正之の協力

このような正之の善政に、さらに付け加えるとしたら、それは「暦の改正」に対する渋川春海への積極的な協力があったことです。この頃の暦は、平安時代から八百年も続いている中国から伝わった「宣明暦《せんみょうれき》」でありました。ということは、それを定めた宮廷（天皇）の権威をずっと守り通していたことでもあります。

古来「年月日刻」を決めるということは、すべての権威を掌中《しょうちゅう》に収めることでした。だから時が誤差するということは権威を失うことになるのです。しかし、この「宣明暦」は八百年の間に二日の大きな誤差を生じていたので、改暦の必要性が求められました。それを特に強調したのが、この渋川春海だったのです。

初の日本製の暦完成

初の日本製暦法の「大和暦《やまとれき》」（「貞享暦《じょうきょうれき》」）を完成させた春海は、本因坊・井上・林家と共に将軍碁所四家である安井（渋川）家に生まれ、十四歳の時、父算哲《さんてつ》が没したので家職を継ぎました。しかし、元禄五年（一六九二）より天文方となります。

徳川も三代家光の頃になると、学術を奨励した結果、儒学を始め、実学としての和算・天文・暦学などの研究も盛んになります。春海も山崎闇斎《あんさい》に師事して神道・儒学・天文暦学などに通じていました。保科正之や水戸の徳川光圀はこの春海の研究を高く評価し、応援したのです。

春海は、寛文七年（一六六七）二十九歳の時、正之に招かれて会津に数ヶ月間滞在し、その間、正之と天文暦学について談ずる機会を得ています。また、会津の算学者、安藤有益とは絶えず連絡し合っていました。同十二年（一六七二）十二月の暦には月食が記してあったものの、実際は現れなかったので、正之はぜひ改暦しなければならないと思いましたが、残念ながらこの年の十二月に正之が死去したため実現できなかったのです。

しかし、正之は死に臨み、老中稲葉美濃守に近年中に春海に命じて改暦を行うように遺言を残していました。そこで、貞享元年（一六八四）に画期的な改暦が完成されることになったのです。春海は「吾会津公の知遇を辱《かたじけの》うして、此の宿志をなすは皆山崎闇斎先生の庇護に由る」と述べていますが、保科正之と山崎闇斎との力があってこそ、この大事業がなったのです。このように保科正之が、画期的な改暦の事業に尽力したことは大いに評価されるべきでありましょう。

（『現代版　会津暦』〈平成24年刊〉所収）

7　会津の伝統産業

会津の農業

会津は古代から四道将軍の派遣によって、稲作がいち早くもたらされたところでもあります。したがって、東北の米作の先進地として農業の進展はみるべきものがありました。江戸時代になって、保科正之の治世によって大いに生産が向上しました。そして、凶作にも困らないようにと「社倉」をつくって農業を重視し、農民を大切に保護しています。

さらに、貞享元年（一六八四）には会津幕の内の肝煎《きもいり》、佐瀬与次右衛門《よじえもん》が『会津農書』を著します。その教えを受けた篤農家たちが栽培技術に力を尽くし、会津の農業を飛躍的に向上させたのです。

会津漆器

会津の漆器産業は蒲生氏郷に始まります。木地挽き五人、塗師四十六人を連れてきて、初めて会津塗りに絵付けすることが行われました。そして、会津漆器を産業体制化したのが、保科正之だったのです。漆樹の植林化、先進地から多くの職人を呼び発展させたのです。

さらに、田中玄宰《はるなか》の寛政の改革を経て質、量ともに大いに伸びます。江戸期には「会津屋」という屋号の商家が全国にありましたが、当時「会津屋」といえば漆器屋だったのです。それほど会津の漆器は広範に知れ渡っていたのです。

特に会津漆器を飛躍的にしたのは、蒔絵の技術向上にあったのです。蒔絵の技法は「平蒔絵」「高蒔絵」「研出蒔絵《とぎだし》」などと発展していきましたが、玄宰が京都から蒔絵師の木村藤蔵を呼び、その技術は大いに発展していきました。特に「沈金地」（模様を彫ってその刻みに金箔をうめる）は会津だけで行われる技法です。重箱・椀・盆・花器などが製作されています。現在は若いグループが会津漆器の新しい工芸品を目指して活動しています。

会津の地酒

会津は水のきれいなところです。そして、米つくりの土地として美味の米の産地です。このような米と水があれば良酒はできます。だから、会津の郷は古くから美酒の産地として知られていました。その酒を品質改良して全国的なものにしようとしたのが、田中玄宰です。彼は、日用品としての製品を「商品としての価値に高める」ことに心をくだいたのです。

現在は、各蔵元が個性ある酒をつくって会津地酒の名を広めています。

会津の陶磁器

焼き物では蒲生氏郷が、若松城の修理のため、播磨《はりま》から四人の職人を呼び、瓦を焼かせたのが始まりです。それを保科正之が正保四年（一六四七）に長沼で製陶していた水野源左衛門兄弟を呼び、会津本郷の的場《まとば》の土で御城の「赤瓦」を焼かせたのです。これ以後、会津本郷焼の陶磁器の製品が向上していったのです。

蒲生氏郷が伝統産業を興し、それをさらに進展して現在の基を築いたのは会津藩祖、保科正之だったのです。現在でもその伝統を受け継いで、会津本郷焼の陶器の伝統を守るとともに、幕末・明治から飛躍的に向上した磁器の製造に磨きをかけてきました。

中でも、絵付けの技法・デザインに勝れ、明治の内国勧業博覧会では多くの賞を受け本郷焼の名声を高めました。戦後の民芸品ブームがおこり、多くの窯元ではその時流にのって盛んになりました。現在、本郷焼はそれぞれの特徴を守って新しい焼き物づくりが行われています。一方、若松の磁器「蚕養焼《こがい》」や、田島の「萬古焼《ばんこ》」の流れも伝承されています。

会津の麻と会津木綿

以前、麻は会津各地で栽培され、県内で八十％は南会津郡と大沼郡で生産されていました。農家の仕事着として用いられていましたが、昭和期に入るとその主役の麻に代わって木綿が用いられるようになりました。麻の需要が減少し、さらに戦後、その種が麻薬扱いとなって許可なくして生産できなくなり、ほとんど作られなくなりました。

一方、会津は綿の生産の北限地といわれました。保科正之が綿の栽培を大いに奨励したことから生産が飛躍的に伸びました。明治になって織機が普及して会津各地に三十余社の機織工場が生まれました。

会津木綿の特徴は縦縞や格子縞で、やや厚地に織り上げられています。実用的で色も落ち着いたもので、麻から木綿によるシャツ、サルッパカマやモンペを作っていました。会津でもその織や色合いがそれぞれの地方で異なっていました。会津坂下町の青木木綿は藍染め、喜多方では茶色の大柄な縞、南会津は青茶棒の紅い縞、というふうに各町村でもいろいろな織と色があって、着ている木綿縞によってどこから来たかわかるくらいでした。

若松市内では、現在二軒の業者が会津木綿の伝統を守っています。今では民芸織物としていろいろな用途に使われ、好評を博しています。

「カラムシ（苧麻）」の伝承

カラムシ（苧麻）は、イラクサ科の多年草の茎の皮から繊維を取り、木綿以前の代表的な繊維でした。現在、会津の昭和村と沖縄の一部にしか栽培されていません。昔は会津一円で生産されていましたが、今では昭和村でしか伝承されていません。国の重要無形文化財に指定され、昭和村の「カラムシ会館」ではその伝統的技術を公開しています。そして、その栽培から織物までの伝承には力を入れています。

奥会津の三島町では、ヤマブドウの皮やマタタビ、ヒロロなどでつくった伝統的工芸品の編み組が伝承されています。また、この三島町や西会津町などでは、会津の桐製品、特に桐タンスや手仕事でつくられた桐工芸品などは人気を博しています。

ロウソクと絵ロウソク

会津はロウソクの産地として有名です。ロウソクは漆や櫨《はぜ》（山漆）の実から製造されます。漆の木の植栽の盛んな会津地方はロウソクの生産地として江戸期から全国に知られています。さらに会津の「絵ロウソク」は、椿や季節の花を一本一本丁寧に描いていく手仕事で、若松城下で盛んにつくられるようになりました。

一方、現在でも四百年の伝承の歴史を誇る郷土玩具が伝えられています。正月の縁起物として「起き上がり小法師」「会津初音《はつね》」や「風車」、会津の象徴ともいえる「赤べこ」などの「会津張子」は今でも盛んにつくられています。

（『現代版　会津暦』〈平成24年刊〉所収）

三、会津戊辰戦争　夜話

1　会津人のすべてを巻き込んだ戦争

会津人にとって「戦争」といえば、「第二次世界大戦」のことではなく、「会津戊辰戦争」のことをいっていたのです。戦争を知らない若い人たちにとっては、今ではそのことをすっかり忘れてしまっているようです。

会津戊辰戦争は会津藩士だけの戦いではありませんでした。むしろ、会津全域のすべての人たちを巻き込んだ戦争だったのです。したがって、武士だけが歴史の表舞台に華々しく登場しましたが、実は、その裏には民間人が多く参加して、その犠牲も大きかったのです。

農民たちは各地で志願して約三千名も「農兵隊」に所属して戦いに参加しております。これは藩からの要請を受けて応じたものでした。会津各地の村々から二十歳から四十歳までの身体壮健の者を募集しております。

そして、村の郷頭や肝煎などや、その子息たちを士分に取り立てて、その指揮者にして、鉄砲や弾薬を与え訓練を行っております。その任務は荷物運搬や斥候、道案内などのいわゆる「軍属」としての役割を果たしていました。戦争が激しくなるにつれて銃を持って戦闘に参加するようにもなりました。

会津の各市町村史にも、その組織や形態について様々な実状が書かれていますが、会津全体の農兵の募集や役割や行動の、その詳しい実態についてはまとめられておりません。このように、会津の民間人や多くの農兵が組織だって戦争に参加しているケースは外ではあまり見かけないことでした。

一方、農民だけでなく、修験（山伏）たちとその倅や孫たちも、藩からの要請で「修験隊」を結成して越後で戦っております。会津の本山派の大先達の南岳院が隊長となって長岡藩への応援のため、八十里越の峠を越えて戦っています。

また、猪苗代の修験者たちの戦争参加の記録も残っております。大恩院の法印で、当時、三十一歳の熊谷亮榮の『陣中日記』にその経緯などが記してあります。それによりますと、この修験隊は藩からの要請で編成されたようです。そこで、猪苗代城の三の丸で軍事訓練を行っているのです。猪苗代の修験隊は強固な組織力と強靭《きょうじん》な修行によって鍛えられていたので、その力を大いに発揮していました。

このような山伏の修験隊は慣れた山岳地帯の案内役としては適役でした。だから活動・連絡・探索などの役割を果たして、正規軍以上の働きをしていたといいます。南会津でも早くから猟師たちが「猟師隊」を組織して訓練を行い、積極的に戦いに参加しております。

さらに、会津の相撲取りまで参加しているのです。会津の相撲界で、大関を張っていた武田惣吉（四股名は白糸）が隊長となって、二百五十名ほどが「力士隊」として白河方面や、越後戦線で戦っているのです。ただ、具体的にどんな行いをしたかは、定かではありません。また、本郷の陶器業者や会津各地の鍛冶職の者たちは「寄合組」と称して正規軍と一緒に戦いに参加して、多くの死傷者を出しております。

このように領地が戦場となって敵軍に占領されて、自決した者が多い所は、沖縄と、この会津以外はありませんでした。戦争に負ければ、略奪、殺傷、辱めなど何でもありでした。そこで、自決したり、戦って命をおとした会津の女性たちが二百三十三名もいたのです。しかも、我が子や、姑を泣きながら刺し殺して自決した女性を数多く出しました。これは会津戦争以外にはありませんでした。

その霊を慰めるために、毎年五月一日には「奈与竹之碑　碑前祭」が若松の善龍寺の「奈与竹の碑」の前で行われております。その際、葵高校（旧会津女子高校）の舞踊部の生徒たちが、なぎなたを持って踊り慰霊しております。

今はすっかり忘れ去られていますが、終戦後まもなく、映画監督の木下恵介は会津を舞台に多くの作品を制作しました。彼は、第二次世界大戦の敗戦とこの会津の戊辰戦争の敗戦とをダブらせて、会津への思い入れも強く、『惜春鳥』などの映画を作っているのです。

それも今では遠い昔のことのように思われて仕方ありません。

2　会津全土に広がる戦火
——本郷・高田・坂下の戊辰戦争

城下からの大量避難の記録

若松城下から旧会津高田町へ大量疎開した記録が残っている。それは、『慶応四年戊辰戦乱ノ避難人名調』である。この文書は唐紙の下張りとして表具屋に持ち込まれた和紙の中から見つけられたものであるという（会津美里町旭無量の山田家所蔵）。

この資料には、八月二十三日に若松城下から旧会津高田町旭無量（旧東尾岐組）に避難した家族名と人数がどの家に割り当てられているかが列挙されている。

慶応四戊辰戦乱の際の
避難人宿泊名簿

（表紙）
「慶応四戊辰戦乱ノ際避難人名調
山田　氏」

慶応四年若松城大軍之節　八月廿三日
ヨリ両村へ入り込人数家々へ割当

融通寺町　小治郎家内二名
赤井町　文右衛門家内二名
馬場町　松本友彦様御家内六人
〆拾人　亀太郎宅
中六日町　忠兵衛家内十人
中川原町　平吉　家内九人
〆拾九人　千代松宅
御家中　市岡守衛様御家内七人
同　桃沢様御家内八人
〆拾五人　権　蔵宅
一ノ町　中村屋家内親類共三十壱人
無量寺

馬場町　与七　家内四人
同　惣蔵　家内三人
〆七人　小右衛門宅
大工町　金蔵　家内三人
ツキノ木町　才七　家内二人
〆五人　利四右衛門宅
馬場町　駒吉　家内五人
同　米五郎家内六人
〆拾壱人　甚左衛門宅
甲賀町通　石川巳記様御家内五人
七日町　喜蔵　家内四人
〆九人　和三郎宅
トヂヨヲ小路町忠吉　家内六人
同　万蔵　家　七人
〆拾三人　久之助宅
四ノ丁　丸山様御家内六人
丸山一様御家内二人
〆八人　定　蔵宅
植村八五郎様御家内
親類共ニ二十三人

清之助宅
名小屋町　嘉吉　家内五人
三右衛門宅
三ノ町　宇兵衛家内五人
同　勘助　家内四人
〆九人　兵左衛門宅
大和町　友吉　家内四人
利
桂林寺町　貞吉　家内六人
吉　松宅
桂林寺町　八十吉家内五人
同　友吉　家内四人
〆九人　代五郎宅
桂林寺町　清水屋幸助家内二人
同　八十吉家内五人
御家中　三人
〆拾三人　上田孫右衛門宅
半兵衛町新丁　豊島屋嘉兵衛家内十二人
桂林寺町　東国屋善蔵家内十人
〆弐拾弐人　千　吾宅

本三ノ丁　野村音次郎御家内家来共六人
半右衛門宅
材木町　長谷川家内親類共ニ十八人
又右衛門宅
御旗町　梅津力四郎様御家内三人
高橋太郎様御家内七人
一ノ町　界屋　家内
〆拾壱人　重右衛門宅
材木町　豊島屋多助家内拾人
同　山中屋家内四人
中川原町　藤屋忠兵衛家内八人
〆弐拾弐人　定右衛門宅
融通寺町　彦次郎家内三人
桂林寺町　伊兵衛家内九人
〆拾弐人　清　内宅
大町　勘兵衛家内四人
同　幸蔵　家内五人
御家中方　弐人
〆拾壱人　須藤喜一郎宅
御旗町　与兵衛家内二人

馬場町　星　家内五人
御家中方　二人
〆九人　権　太宅
歩行町　柳沢常七様御家内四人
愛宕町　伝吉　家内二人
一条寺前　子之吉家内二人
エサシ町　政右衛門家内二人
〆拾人　長　作宅
大町　小松小右衛門家内六人
同　糀屋吉蔵家内七人
同　栄吉　家内二人
〆拾五人　幸　次宅
文明寺前　渡部伊左衛門様御家内三人
同　松本四三右衛門家内二人
十五間丁　村山辰五郎様御家内二人
同　村山巳之助様御家内二人
〆九人　仁左衛門宅
融通寺町　坂田屋忠兵衛家十四人
長嶺幸吉宅
材木町　名倉屋友松家内三人

御家中方　三人
川原町　佐七　家内四人
〆拾人　吉　蔵宅
融通寺町　彦次郎家内三人
桂林寺町　伊兵衛家内九人
〆拾弐人　源　蔵宅
北小路町　小池伴之助様御家内三人
同　治郎吉家内三人
関根松之助
中野源之丞
〆八人　久　次宅
本二ノ丁　永山音之助様御家内家来共八人
願成就前　佐藤常之助様御家内四人
愛宕町　渡部彦太郎様御家内二人
〆拾四人　新左衛門宅
馬場二ノ町　常右衛門家内五人
同　栄之助家内二人
甲賀町　豊蔵　家内三人
〆拾人　駒　吉宅
［高田　山田安信蔵］

これによると、旭無量の三十四軒の家に、若松から四百十人の避難民が分散して止宿している。そのうち、百二十八人が武士の家族とその家来だったという。これは藩からの要請があったと思われる。ここでは別紙のような割当表が残されているが、外の村々にも疎開民の受け入れを要請されていたようである。おそらく前もって藩の方から会津の各地に、あらかじめ避難地として要請されていたようだが、残念ながら、このような記録が外の地区に残されていないのである。

この会津美里町旭地区の寺入集落佐藤信一さんの家には、会津藩士（家老）の丹羽五郎の家族の女性三名が数十日間、泊まっていたという記録も残っている。ただ、なぜ家老の家族が寺入の佐藤家に疎開してきたかは、はっきりしていないが、おそらく、丹羽家となじみのあった鈴木重正がこの旭の杉の原の医師の鈴木家に養子に入った関係から、その避難先を紹介されたのではないか、とも思われる。

戦後、北海道に渡った丹羽五郎は、家族が旭寺入の佐藤家に世話になった経緯がわからずにいたが、大正八年の九月になって、佐藤家からの問い合わせによって初めてわかったのである。そこで、丹羽五郎は、お礼の手紙を佐藤家に出している。その手紙が現在、佐藤家に保存されている。そして、その後も両家との交流が続いていた。その時の資料もこの旭寺入の佐藤信一氏宅に保管されている。

他に、この戊辰の年、八月二十二日には二本松藩の正室（麗性院）とその姫君一行九十三名がやってくる。米沢に難を避けようとしたが、ここも西軍に奪われ、会津へとやってくる。しかし、若松も城下に侵入され、多くの避難民の群れが在郷へと逃げのびていた。姫君たちは、御城に入ることもできなかった。そこで、大内から市野峠を下り、高田から坂下へと苦労しながら避難の旅をしていたことが『二本松藩史』に記録されている。

高田は御蔵入に隣接し、重要な拠点であった。そして、作物の集結地でもあったので、兵站地としての重要な役割を担っていた。したがって、高田の宿場も激戦地となり、宿場全体では、僅か五十五軒だけが焼け残ったという悲惨な状態であった。高田を占領した西軍は下町の増井康宏宅の土蔵の扉の右壁に「長州官軍先陣改済」と墨書で書き残している。

萱野隊に本郷の陶業者、三十六名が参加　―遠藤寅之助・平八父子の従軍記

本郷の遠藤父子が越後の水原、長岡方面に出征した時の従軍記録が残されている。それは、遠藤寅之助の『萱野従軍記』（『会津本郷焼の歩み』昭和四十四年、福島県陶業事業協同組合刊に掲載）と、遠藤寅之助の子、平太の『会津戦争従軍記』（『会津史談』61号～63号に掲載）とに述べられている。

会津戊辰戦争には、本郷焼の製陶に従事していた関係者も志願兵として三十六名が参加し、中には十五、六歳の少年まで出征している。みな「士分扱い」を受けて、武道と操練に力を入れ、時折、若松に出向いて正規の藩兵と合同訓練を受けていた。「御弓新田出征者」ともいう。

萱野右兵衛は一ノ瀬要人《かなめ》越後口総督配下の下、番頭《ばんがしら》隊長として約二百五十名を引き連れて激烈だった越後戦線で戦っていた。陶業関係の志願者はこの萱野隊の寄合組に属し、二月から九月二十二日の若松城落城まで各地を転戦し、六名の戦死者を出している。

蒲原郡石間村付近の赤坂山では激戦を極め、風雨荒れるなか、遠藤寅之助、平八父子は必死に戦うも、八月一日父寅之助が敵弾に左腕を貫通され、津川に運ばれた。左の二の腕より切断を要する手術以外には助からないとのことで、父子は八月八日若松に向け津川を出発している。

大川の舟渡しでは物凄い混乱のなか、本郷の自宅にたどり着く。帰宅した所、ここも避難者で大混雑、病人には適せず、母方の里、尾岐に連れていくも、八月二十四日早朝、不帰の客となってしまった。

本郷の白鳳山公園の観音山に「死節碑」が明治二十七年八月に建立された。戦死者六名と従軍した三十名の名と、功績を称える南摩綱紀の撰文が刻んである。戦後、萱野右兵衛は旧部下の熱心な招きで、本郷在に移り住み水車で陶土を砕く仕事を行い、萱野水車と萱野堀という名を今に残している。明治五年五月十九日、三十三歳の若さで病没。「死節碑」の傍らに「萱野隊長之碑」が大正六年に建立されている。

また、氷玉《ひだま》峠、大内峠は戦闘の激しい所で、八月二十九日から九月二十二日の終戦まで幾多の兵士が亡くなっている。関山宿はずれに会津藩士野村悌之助らを弔った「戦死者四十人墓」が立っている。

西軍の横暴さに、つい「官賊さま」と…　―坂下近在の村人の対応

越後街道の要駅だった坂下は、越後口に向かう部隊や物資の輸送に人馬の往来が激しかった。さらに、八月二十三日の西軍の若松攻撃により逃げ惑う避難民の群れは若松、坂下間の村々を混乱に陥れていた。

坂下付近で戦いが激しくなったのは、九月五日頃だった。その時、西軍が横暴な振る舞いをしていた。鶏や卵を全部持ってくることを強制したので、村民は「ハイ、官賊さま」とつい口に出してこっぴどく叩かれたという話も伝わっている。

越後から引き上げてきた会津軍は、只見川の舟を東の岸に上げたので、東松峠を越えてやってきた西軍参謀の山縣有朋たちは進むことができなかった。両岸が険しい岸壁なので、しばらく両岸でにらみ合いが続いていた。そのため、西軍の城下への侵入を一週間も遅らせることとなった。

一方、越後からの西軍と連絡をとるため、若松から山縣隊の応援に行こうとした西軍は高久から束原の渡し場を越えて坂下へと向かった。細工名《さいくな》村では西軍の宿舎になったので皆逃げたが、逃げられなかった老人は足に包帯を厚くまいて歩けないふりをしていて難を避けていた。

福原では在郷武士の佐瀬嘉左衛門が銃撃されたが、坂下に入ってはあまり戦闘が行われた様子はなかった。そこで西軍は一気呵成に塔寺から鐘撞堂峠を駆け下り、只見川の舟渡しを確保していた会津軍を背後から襲った。

この西軍の急襲により止む無く窪と東羽賀にあった会津藩の弾薬等を焼き払い、四散するしかなかった。そんなどさくさの最中、村人は西軍に人足役を強制され、それを拒んだ者は首をはねられた例がしばしば見受けられたそうだ。

中野竹子の首を持って法界寺へ

坂下の戊辰戦争といえば、中野竹子と南摩・町野一家の悲劇が必ず語られる。中野竹子とその母、幸子、妹優子たちは藩主の義姉の照姫が坂下に落ちのびたと聞いて、八月二十三日、雨の中を坂下へと向かった。ところが、姫の避難は噂に過ぎず、若松に帰る途中、高久で宿泊する。翌日、坂下の剣士渋谷東馬が門弟四十人ほど連れて若松へ向かうのに出会った。竹子たち約二十人は、これに合流して戦おうとしたが、「会津藩では力尽きて婦女子まで戦わせた」と嘲笑されたくないと堅く断られた。しかし、柳橋周辺で女たちは男に負けずに自ら壮烈に戦った。

竹子は敵弾を胸に受けて妹に介錯を頼むが、渋谷東馬の門人上野吉三郎が代わって介錯を行い、優子は泣く泣く姉の首を坂下に持ち帰り、法界寺に葬ったのである。今、法界寺には「小竹女子之墓」がある。

南摩、町野一家の自刃

藩士や町人の家族が城下から在郷に逃げ惑う姿は数知れずあった。なかでも城内に入れなかった故に敵の目を逃れて行く哀れな女・子供たちの姿があった。

砲兵一番隊組頭の南摩弥三右衛門の母勝子、妻ふさ子、弟の壽《たもつ》と辛《かのと》、そして長男萬之助と生まれたばかりの二男の六人はやっと坂下にたどり着いた。忠実な下僕、清蔵のお蔭で坂下在の勝方村にやってきた。その時、やはり避難していた市中朱雀二番隊組頭の町野源之助（主水）の母きと子一行と思いがけず出合った。きと子は嫁のやよ子、長男源太郎、長女なを等と苦労してここまで来たのだった。さと子と勝子は姉妹であった。

そのうち、町野の下僕が誤って「城は落ち敵が迫っている」と告げた。今はこれまでと、敵の辱めを受けるよりも自決した方がよいと考えた。一方、南摩弥三右衛門は傷を負って城内にいると聞き、勝子はあくまで一緒に自刃を願う嫁に向かって「萬之助と二男を連れて戻り夫の指示を受けよ」といい、半月前に生んだ赤子を抱いて泣く泣く若松に戻った。翌九月七日、勝方の西山に登り一家自刃した。現在町野家の子孫、井村百合子が勝方寺に立派な墓碑を建てている。

幕末の会津相撲界で大関を張っていた白糸（武田惣吉）は広瀬の御池生まれだった。戊辰戦争の時、会津軍救援のため力士隊、二百五十名の隊長として白河や越後で戦っている。その長男が大東流合気道の中興の祖として後に活躍した武田惣角である。「出陣した者には米六石を授与する」といって農兵を募った。

東松地区から小隊長、長谷川利喜松以下十六名が参加している。

長岡藩士の悲痛な戦い

会津での長岡藩の活躍ぶりはあちこちで語られている。もちろん河井継之助のことも。高田、坂下地方には多くの長岡藩士の戦いぶりが目立つ。

八月中頃には、長岡藩が、会津に入り坂下の定林寺《じょうりんじ》に本陣を置いて会津援助のため各地に転戦している。山本帯刀隊長が飯寺の戦闘で西軍の虜となったので、能勢三左衛門が隊長となり、九月十六日、会津高田方面で佐川官兵衛を応援し、敵に多大な損害を与えている。この山本帯刀は「我々は天皇に抵抗する者ではない。薩長の理不尽の砲火に応戦するのだ。その上、藩主からは降伏は命ぜられてはいない」と言って決して屈服しなかったという。定林寺にて戦死した者は松本保右衛門、酒井金四郎の二人だという。今、定林寺の墓所に眠る。

さらに敗戦後も、長岡藩士たちは哀れな姿を留めていた。そして、各地の寺々で墓が多く建てられている。悲痛な長岡藩士の声が聞こえてきそうである。

飯寺では戦死した長岡藩士の骨を集めて土盛りの墓を村人たちが作ったという。明治二十三年のことだった。昭和三十一年に本光寺の墓地に新たに「長岡藩士　殉難の碑」を史談会と有志で建立され、毎年法要が営まれているのがせめてもの慰めであろう。

若松・中央に真宗大谷派の満福寺がある。その寺の過去帳には、「長岡藩士前田祐之助自殺、三間市之進病死」など哀れに書き留められている。また、坂下・法界寺にも長岡藩佐藤小平次、明治元年八月十六日と過去帳には戦死者として記されてある。

（『会津人群像』12号〈平成20年刊〉所収）

3　町人から見た戊辰戦争
――齋藤和節の『耳目集』から

戊辰戦争前後の会津の記録といえば、会津藩から見た資料はあるが、それはあくまで公の位置にあったものの資料であって、町人、民間人から見た記録があまり見当たらない。戦後、明治の中ごろから回顧録のようなものが数多く出ているが、それはあくまで藩士及びその家族たちの回顧談であって、純然たる町人や農民の世界を描いたものではない。

その中で、記録魔ともいえる齋藤和節の記載した『耳目集』は、断片的ではあるが、数少ない町人の目で見た貴重な記録である。戊辰戦争後の記録は、主に巻百一から巻百五までに書かれている。その生々しい臨場感のある戊辰戦争前後の記録を幾つか紹介してみたい。

齋藤和節『耳目集』表紙

和節の避難記

慶応四年（一八六八）八月二十三日は会津人にとって忘れられない日となった。「城中より左の如く令達せらるる。警鐘の合図あらば、婦女子は入城すべし。但し着の身着のままなるべし」（平石辨蔵『会津戊辰戦争』）と言われていた会津藩士の婦女子たちは、この日の警鐘により急いで入城しようとしていた。

会津藩士の婦女子たちは、あらかじめ戦乱の際の処置等については予知されていた。しかし、和節たち、城下の町人や郷村の農民たちにとっては、「其の宵の日、二十二日までは何とも思はず、唯余所の国にて戦争ありけるやうにのみ心得て、起居さへやすやすとせしが」というように、まるで戦争などは他国の遠い話として、実感がわいてこなかった。

この日、西軍が市中に乱入し、まさかこのように早く若松に入ってくるとは、庶民にとっては寝耳に水のことだった。砲撃、銃撃の音が「百千の雷乱れ落つる如くにて始めて夢の覚めたる如くに慌て驚き」の状態であった。

さらに城下から逃げ惑う庶民の群れは北から南へと避難していった。それは「人毎に荷を負ひ、或は鎗、長刀を携へ、老人、病人を背負ひ、小児を抱き、年の市か初市かと思はるるばかり」だったという。そして、和節は「今朝までは何心なくものせし」人々だった姿が一変してしまった驚くべき姿を克明に描いている。

二十三日の朝、和節はどのような行動をとったか。まず、家の女子供を群衆とともに南をめざして避難させている。そして、六月から病気がちであった長男の和方と一緒に後片付けをしようとしている。祖先の過去帳や重代の品物を近所に住んでいた弟の和貞の土蔵に納め、和方に対して、店から天保銭百貫目を叺に詰めさせ、調度品、鍋、釜などの金物などの家財と一緒に、井の中の水に投げこんでいる。

しかし、和節にとっては、千六百巻に及ぶ和漢の書籍や、澤田名垂から授かった書、野矢常方の書十巻など、得がたい掛軸などの書画を残していく事を嘆いている。そこで「年頃和節が筆記せし耳目集あり、是百餘巻に及びしを此の内手近にあり合はせしもの、七十餘巻を漸く携へ出で」たという。

百巻のうち七十余巻だけを持って出たが、後の二十余巻は置いていったようである。突然の避難だったので、結局、この部分だけ取り出すことができなかったのかもしれない。巻七十八以降の二十余巻は残念ながら灰になってしまうのである。なぜこの二十余巻を置いていったかはよくわからない。

和節は、途中激しく雨が降る中、泥田のようになった道を面川村めざして急いでいった。さらに面川から二㎞ほど山に入った澤村に避難することになる。この澤村は戦後になって、柴五郎が親類の者たちと疎開して、生活苦から、五郎は表通りの面川で柿を売ったりしていた。和節と柴五郎とその家族と日向家の十数人は戦争が終わってもまだこの澤村には残っていた。しかし、この和節の『耳目集拾遺』には柴五郎たちとの接触はあったかもしれないが、記録には残していない。それは藩士と商人という立場からと、両者ともそれほど親しくしていなかったからかもしれない。（注）

和節は、この澤村の地首《ぢかしら》、太助という者とは前々から心安くしていたので頼ってきた。ところが、そこも避難民が百人ほど足の踏み場もないくらい溢れていた。この澤村の僅か七、八軒の人家に五百人もの人たちが詰め掛けてきていたのである。

食糧のないことおびただしいことを和節は「その有様、中々筆には書きとりがたし。斯かる大勢の人々故、みなの腹中塞がる程は、飯も出来あへねば、漸くすがりつき一椀、一椀貰う人もあり」と述べている。夜には夜具なし、親子兄弟と重なり合って「互い違い御手枕と、笑ふもをかしくて、目をふたぎたりといふ許なり。台所、厩の傍らまで老幼婦女子重なりあひて臥しければ、錐の立てどもなき程」と悲惨な状態を描写している。

夕方になって人の話では、和節の住んでいた南町の家は、兵火によって残らずきれいに焼けてしまったとの事だった。さらに、弟の和貞の家も焼け落ち、書画等皆灰になってしまったと嘆く。三日ほど経った二十六日、砲声鳴りやまぬ中、和方とともに和節は、我が家の焼跡を見に行った。「誠に、誠に、よくも、よくも、灰となり」と激しく慨嘆している。

その灰の中から塩二俵が氷のように凝り固まっているのを見つけ出し、それを背負って南隣の家の土蔵に置くことを頼もうとしたところ、武者一騎がこれを見咎め「御城内へ納めよ」というのでしかたなく城内に運んだ。また、酒造り桶三つと箱二、三個に筵がかけてあった。これは何だろうと不審に思って、筵を取りのけてみると、桶の中に蒲団が二枚と薄縁に包んであったものが二、三あった。その御蔭でこの夜から一つの蒲団に三人ずつ抱き合って寒さを防いで寝ることが出来た。

二十八日になると、この戦乱の最中に藩から避難者に対して扶助米が配給されている。「国公より落ち散りし者共へ御扶助あるべしとて、面川村の陣営より兵粮米来れば、我々ごとき者までも給はる事となりにけり」とあって、この頃は敵が城下に乱入してもこの付近にはまだ敵軍が侵入してこなかったから、扶助米が配られていたのだろう。なお、この時、村では分限帳のようなものの作成も行っている。これを契機に、印形手形のような札をもっていくと夕飯に握り飯を一人に一個ずつ与えられていた。

この頃、和節が激しく憤っていたのは《分捕》ということだった。

斯くするうち、分捕と名づけて残りしといふものなり。

居し土蔵を破り、又は程近く持出し置きたる品々物々を盗み取りぬ。寔に焼け亡びて衣食住に離れ、艱難至極にして途方にくれける人を其の上に掠むるは、うたてきとも、歎かはしとも、沙汰の限

（巻百一・54頁）

と憤慨している。さらに九月五日の項でも、

此の頃、若松に在住せし者、立ち帰りし者、或は近村近郷の者共、米噌油等を始め家財の類、分捕と号してはれに持ち運ぶ事夥し。誰有りて制す人あらざれば、我先と之を手柄にする者多し。是より材木丁口に往来留りて通行なし。官軍は柳土手へ陣取り炮発止む時なし。此の近村皆々逃げ走る。飯寺村を御代官所、羽黒村へ引き移しのよしなり。村々へ散在せし人々又居所を失ふ。其のうへすこしく持合せし品など分捕にあひしとなり。

（巻百一・60頁）

このように戦争時の盗みはよくあることだが、戊辰戦争の時もあちこちで頻繁に行われていたことは『耳目集』の中でもしばしば出てくるので、その状況については注目すべきことである。九月八日になると町人への扶助が打ち切られている。それは、飯寺の代官所が焼けてしまって、米、味噌などが西軍のものになってしまったからだという。

九月に入ると朝からこの辺りまでも騒がしくなり、西軍が押し寄せてきたといって混乱状態に陥る。堤沢、根岸、羽黒、中島、花坂、一ノ堰等に火の手があがり、ほとんどの家々が焼失してしまう。そこで、和節たちは更に山中深く逃げていった。藩士の婦女子たちは町人や百姓に身をやつし、刀や脇差を土中に埋めるように依頼するが、村人は断っていた。

九月二十一日以後になると、砲声も鳴らなくなり、家内の女たちは太助の家の農事を手伝うようになるが、慣れない仕事で三人でようやく一人前だった。

御城の分捕、金銀財宝を始め、人夫体に身をなして、物々品々背負出す事、近辺に有り合ふ人々、幾人といふ事なかりしといふを聞きて大いに驚き居たり。然るに御二方（藩主父子）の君、立ち退かせ給ふと、此方、官軍の始末になりし事なれば、何を持出すとても、咎むる人もなければ、御城付の大要の物までも斯くものせんとなん。

（巻百四・18・19頁）

これは、戦後の無秩序の始まりで、西軍による御城の財宝金銀の略奪はやりたい放題であった。和節の家でも、屋敷稲荷の傍に置いた大釜一組などに《分捕》の札が貼ってあった。返して欲しいと西軍に言うと金六両出せと言われて、あちこち借り受け漸く家業の大釜を取り戻している。

九月二十三日より、御城が開城になり何処へも往来が自由となった。この頃、敵軍による分捕の品の価がもっとも安いといって、買いに行く人が多かった。十月朔日になってようやく面川に仮小屋を設けて、ここで家職の麹を始め諸品を商売するようになったのである。

戦後の若松の状態

戊辰戦争が終わって町の様子はどうだったか。柴五郎によると、「城下へは町人百姓の外は一切いれないので、私は農業の悴の風をして人に連れられて、吾屋敷の焼跡に行って家族の遺骨を拾い上げ、寺に納めた事がある」（『会津史談』16号・41頁、柴五郎「戊辰當時の追想談」）といっているように、藩士とその家族は城下に入れなかった。

大町より上の方七日町通筋は官軍の下宿になりし故、第一の家居残れり。上の方にも焼失の家居もあれど、桂林寺町、大和川より下の方、一向に家なし。家中士屋敷ハ云ふもさらなり。御城南一円に焼失に及びしかば其の居所に迷ふもの最も多し。衣類調度の類は手回しよき人々は、少しは持出しぬれども狼狽して逃げ出たるものどもは、其の身其の儘着たり切なり。中には常々心懸けよく貯へ持ちし人は金子も持ち出したらん。なれども其人からは、十からは十に五人とはあるまじ。（中略）

この若松のうちは廓の内外をへだてず、東は徒の町、小田垣、西は新町、花畑、いづちを通り行き遣るともあはれは同じ足より先に泪のみ打ちこぼれてはかばかしく歩む心ちもせず。町離れて野外の道にかゝれば、いつも目慣れし有様にしあれば、先に見つゝ通りし所々のさまをしばしハ忘るゝ心ちす。又吾元住み馴れたりし街を通る時は猶々あはれ深くして涙さへ出でず。仮庵造りて住居する人も所々斑にありて新たに造り立てし家居はまことに稀なりしあれば、其の家毎に呼び留めて、此れほどはいかが渡らせらるゝぞ。あまりに〳〵淋しき故早く来よ早く来よなどそそのかされば、心やるせもなきまで嬉しけれども、さ身にあまりていかにせんすべなく、しばしは其の答へもえせず。

（巻百五・20・23頁）

城南から下町一帯は焼けて何も残らなかった。特に我が家を通り、知人の家の前では、「早く来よ」と呼びとめられて心やるせない気持ちになっている。勿論、郭内外は全焼で呆然としている町民の姿があちこちでみられた。

焼け残った所は無惨にも柱や屋根などがむき取られ、菊の根、大根まで持っていくというように、やりたい放題な町の者たちの行為に対して「あさましき心」と唖然としている。いつの世にも見かける敗戦の後の醜く変わった人々のすさまじい姿に呆れている。

さらに、戦争直後の十月初めに澤村の人が見た若松の状況について、和節は聞き書きしている。

> 大町辺に書籍、山の如く積置て売捌くを見れば、天保銭一枚にて撰び取り三冊なりといふまゝに、十枚分三十冊買得たりとて、予に見せたるを見れば、史記漢書をはじめいろ〳〵取り交なり。是れ皆日新館蔵書の印あり。其のうちには写本もありて中々得難きも見えけり。然れども皆、端本にて全部せしは一冊もなし。仍て障子、襖の張り物にせんにハはしかじ。又此の同道の人も、五百文分、拾五冊買ひ得しとて是も見せければ、同じさまなれども皆厚本にて、敷き紙張らん為に求めたりといふ。又予が家内の者が此の者より少し後の事なりしが、會津往還と題せし竪帳一冊買求め来りしなり。是の厚き事、五、六寸にも及べり。此の値を問はば三朱也といふ。いかにしても捨て値といふべし。そを一、二枚よみ見るに御城御用帳にて江戸、京よりの文通の書留也。寔に〳〵涙さへ漏れて何ともいはんかたぞなき。是も亦紙襖の料にものせんとて、買得たるよしなり。
>
> （巻百一・54頁）

書物愛好者の和節から見ると、とても耐え切れないことだったろう。公私の所蔵していた書籍が乱雑に扱われ、その価値のわからない者たちの行為によってバラバラに切り離され、ほとんどが端本になっていた。その書を障子、襖等の裏紙にするために買い求めている人々の姿が和節にとってつらく身にしみた。

そのうち、物品を買い求める人々が多くなるに連れて物不足となり、日増しに物価が高くなっていった。和節は、「是れ官所より折々御手当等給はるが故なるべし」と言って、天明、天保の飢饉には米穀が高値となって死人や乞食が非常に多かったが、この戦争では飢えによる乞食や餓死者の姿があまり見えないことを述べている。

さらに、焼け跡を通っていくと、廓内の藩士たちの家居は焼失したり、壊されたりして荒廃の様相を呈していた。

また、戦後の死体の処置については、翌年春には埋葬されていることが書かれてある。和節の聞き書きなので、正確にはわからないが、西軍の死体はすばやく片づけられているのに対して会津藩士たちのものは、後で方々の寺で弔っているようだ。

甦翁曰く、去る辰の秋八月下浣、官軍討入以来、他邦他郷は更にも知らず。我が若松県さへ猶知らねども此の春、七日町阿弥（陀）寺、及び城南一ノ堰邑光明寺其の外、最寄の仏寺へ戦死標を立させ弔らはせ給ふ。是れ自他の人入り交りたるべし。此の家に何百人歟、是まだ知るべからず。已に弥生始めつかた諸宗の僧侶を其の日限り、一宗一宗の多き人を集会せさせ、読経供養を営みせらるゝ。若松御城内外の死人は阿弥陀寺、南郷光明寺其の最寄々々に埋め、葬祭供養せらるゝにつき、其の家前の香華、日々絶えず参拝の婦女子殊更多し。

（巻百五・56〜57頁）

「分捕」の状況

前述したように、この『耳目集』の巻百一からは戊辰戦争後の記述になるが、その中でも「分捕」の言葉が頻繁に出てくる。特に非合法の分捕によって裕福になっている者に対して厳しい目を向けている。それは、和節自身が、何も持ち出して来ず、家財を灰にしてしまったという引け目が言葉の端々に出てくることからもわかる。更に家財等の分捕に直接遭っていることへの悔しさがにじみ出てくるのである。分捕には二つの行為があって、「敵軍の兵士たちによる分捕」と「同じ町人や在郷人による分捕」とに大きく分けられることが、『耳目集』の記述の中から見受けられる。次に敵軍の分捕の例として彼が見聞した生々しい場面を少し長いが紹介しておく。

この頃、官軍の人としばし道連れになりしに、此の人の話せしを聞きかぢりしに、さてさて会津の家中は内福なものぢゃ、分捕に分捕を重ぬれども、珍器財宝、よも尽きしぢゃ。大きな家に入りて見れば、大小の腰の物、二十腰、三十腰持たぬ家はなく、中には五十も百もあるのぢゃ。皆々其の拵への善き事、金銀を惜しまずに鏤めたり。いと見事の細工物も御座った。

又、懸物、書物類は山に積んでぢゃ、それに準じて衣類、諸道具も沢山にて中々大抵ぢゃなかッた。町方とても少し大きな家に入りて見れば、同じぢゃ。又、我々が仲間の咄にも去年外の侍屋敷は家こそ小さけれど、家中にも劣らぬ物持ちが有ったとさ。分捕しての後を焼きはらふは実に惜しかったと言ひまし中には、大金を井の中や泉水へ投げ込み置きし家もありました。誠に以て惜しき事をしたやうぢゃが、君命なれば是非がないのぢゃ。御家来筋にて珍器財宝にのみ心が入りて勤めの方へは、さほどには心が入らぬ故に、斯くなりしのぢゃ。手前どももさぞ〳〵艱難をするであらふ。察し入ったものぢゃ。したが、御手当てを貰ふたらふな、まづそれにて一日づつも凌ぐのぢゃ。又々下さるであらふぞと、懇ろに咄して行かれけるが、何とも御答へがしやうがなければ、只、左様左様とばかりにて別れにけり。

（巻百二・52頁）

この話は、非常にリアルに述べられている。それは、擬古文の中に口語文が混じっているところからもわかる。『耳目集』の中でも珍しく、「御座った」という促穏便や、「したが」とかいう方言、さらに「ありました」などと、この時代の直接話法の文体が所々見られる。その点、ありのままに書こうとしている和節の几帳面な一面が示されている。西軍の兵が分捕した後に必ず焼き払うことを命じられている。そして、手当が出ないので分捕った品物で凌ぐことなどが書かれている。

また、この話者は、会津藩士の屋敷の珍器財宝に驚いているところから、身分の賤しい田舎の兵であったろう。次に「町人たちによる分捕」の例をあげてみる。

国乱起りし始めより心つらくも、吾が家を立ちさらず、居残り自町及び他丁ともに留守に居宅へ入り、或は土蔵を明けて在りあふ家財共を分捕して吾が土蔵へ貯へたりしを見れば、鍋釜の類、夜具など充満して中には隣り近所合壁の物々故見覚えあり。

（巻百一・92頁）

これらは、完全な盗みと言ってよいが、彼は《分捕》と言っている。次にあげる敵軍による方が強引に分捕るのだからこちらの方が《分捕》の名にふさわしいが、和節は、同じ町人の盗みの行為をも敵軍による《分捕》と同等に感じ取っているのである。分捕った着物が自分たちの物だとわかっていても返してもらえず、嘆いている婦人の様子も描いているし、和節自身も家の屛風とそっくりのものだとわかっていても、強く返還を求められず、歯がゆい思いをしている。

「ヤーヤー一揆」の一面

戊辰戦争が終わった後、明治元年十月三日に大沼郡滝谷組五畳敷村で世直し一揆が始まった。俗にいう「ヤーヤー一揆」である。この一揆は瞬く間に会津一円に広がりを見せ、旧支配者層に大きな打撃を与えたものであった。

この農民一揆についても和節は取り上げ、それも具体性のある身近なものとして捉えている。そして加害者側や民生局側からではなく、被害者側の生々しい有様がうかがえる。

そこで、実際に直面した事実について、二、三、その部分をあげてみる。

十月十五六日のほどにや有りけん。郷中の村々に一揆起り、北方、西方の農民、鋤・鍬・鎌やうのものを手に手に携へ、かねて非理に取り扱へたりし村長の家を打毀ち、或は火をかけなどして、前々より其の家に伝はり来りし諸帳記、又は手形証文等を取出させ、目前にて焼き捨て、或は貪り置きたりし金銭等を出させ、撒き散らしなどして鬨の声をあげ、村々に押し来りければ隣村の長は退かれ隠るるあれば、捜し出して縄目に遭ふも有りしとなん。一村々々に人数、重なり合ひて段々大勢に及びける事おびただしく、恐ろしき有様なりと人の語るを聞きてさへ身の毛もいよいよ立つばかりなり。
村々多き中には其の入口に待ち受け、酒食等饗応せし所もあり。或は自村の者、案内して我が村長を手痛くものせるもありて、其の乱坊いはん方なかりしとぞ。此のうちには丸焼けたるあれば、土蔵ばかり残りしもあり。村長の身にてはあるまじき分捕等を貧民とともに交りて多分せし者もありとぞ。此の取沙汰ありし長は猶々手強く痛められしとなん。其の中にも常々村民を手厚く取り扱ひし長は何事もあらず。其の上村民など出迎ひ、大勢に一礼述べし所もありしとなん。人は常こそ大切なるものなれ。かかる時になにはのよしあし、苅りわけらるる、浅ましとも然しとも言はん方もあらざるなり。
先に我大釜の分捕に遭ひし時、既に買求めんとして金子を所持せられたりし、山口某なども村長の一人にて、只一つ残りたりし土蔵を打毀ち、火をかけたり。此の内に積み置きし物々品々、山の如く取出し別に火を放ちしとなん。此の土蔵は争戦後御城南に焼け残りし二つのうちにて、尤もよき土蔵にてありし。いと惜しかり事共なり。

（巻百一・90頁）

ここでは、まず、村々の中では案内役がいて、率先して自分の村の入口で待ち受けて、酒食等を饗応した村もあったという。とくに山口某のことは我家の物品を盗られていさかいをしたが、ここでは一揆の襲撃の的になっていた。また、騒動をけしかけたりして乱妨の限りを尽くしている状況が浮き彫りにされている。次に、和節自ら実際に体験した話をあげてみる。

去る十月中、ヤアヤアと名づけて諸村強弱共に山刀、鎌等にて数百人群がり来り、こゝの肝煎、かしこの名主など諸々打毀し乱妨の仕末聞きける時、此の澤村へも大勢押し寄るを集りしかば、村中上、下にへかへりて大騒ぎにてありしが、何さし別段の手もなかりしかば、右の藤四郎（和節ト親シクシテイタ澤村ノ者）別して働きたるよしなり。其の折、予が造り置きし濁酒を手桶にて持ち出し、何に共なく振舞ひしかば、彼の大勢の騒夫どもも大いに喜びたりしよしなり。

然るに、藤四郎、其の後来りて念頃に礼詞を述べ、御蔭にて当村の面なりもよろしかりし。もし貴家に彼の濁酒なくば、村中の鼻も潰れ申すべきものを幸ひに心よく御出しに預り満足せし間、御礼は遠からずいたさせ申すべし。しばし待ち給へとありければ、是は是は御念入りたる御言葉、是まで誰も誰もかく申せし人なきなり。然るに、御老年の御気をつけられ、此の方こそ満足いたすなれ。彼の濁酒の義は決して御気遣ひ給はるまじ。御村方にて萬事、御世話御左介に相成るがうへは、何かなど存じありし所、幸ひに持ち合せまづ〳〵御互に満悦、夫れは少子の寸志に御座候ふまま、御礼には決して及び申さず。御村方へも右のわけ、よろしく頼み申すなりと挨拶して其の刻も遣し居たり。

然るに、暮れに及び、手桶黒米四升づつの御礼なりとて、肩身に持ち来りける故、先日の事申し述べ、受取るまじきと、たって辞退せし所、藤四郎も男なり。持ち来りし物を持ちかへざるべきか迚、差置きて帰りけり。扨又、彼の村長、太助といふ人は、篤実律義の人にて、横道にはつゆもはしらぬ気性ゆへ、弟もあれど交らざれば、其の事知らぬものなるべし。時に、予、米糀の散りぬるをばかねがね厭ひ煩ふ故、これらのわけからを或人に物語りせしかば、予が心を汲みて其の翌々日礼に此の松のもとまで一番の鶏をもて来りて与へしなり。世の中には人なきにあらず、此の時のうれしさ、いはんかたなく、澤村の一儀も打ち忘るゝ心ちぞせらるる。

（巻百九・16〜17頁）

この山村の小さな澤村に押し寄せたということは、各村々をつぶさに回っていたことがよくわかる。またこの澤村に押し寄せてきた一揆の農民たちに対して、和節が造っておいた濁酒の御蔭で、別段破壊されることなく済んだことを述べている。一揆の者たちも大いに気をよくして振舞酒を飲んで喜んでいった。

さらに、村長の太助の人柄の評判を聞いていたのも幸いして、一揆もこの村では騒動を起こさずに移動している。そこで、村人たちは和節に御礼をしたいと申し出ている。しかし、大それたことをしたわけでないと和節は強く辞退しているが、世話になっている澤村のために役立ったことのうれしさの方が大きかった。

和節は米糀が散るので困っていたところ、村の者が鶏を贈ってくれた。その鶏が米糀を食べることによってきれいに清掃されて助かったと言っている。

（注）『会津史談』16号―柴五郎「戊辰当時の追憶談」には勿論、和節とその家族のことは記載されていない。ところが村上兵衛の『守城の人―明治五郎大将の生涯』（光人社）では大変な間違いをおかしている。この事については、齋藤和節と関係があるので、どうしても触れざるを得ない。それは、88頁から92頁にかけての記述である。彼は「会津落城」の項で、「会津若松のまちで酒造業をいとなんでいた秋月次三も、家族づれで沢の太助という肝煎百姓の家に、厄介になっていた。庶民の一例として、少し触れておきたい」といって、5頁にわたって書いている。ところが、村上兵衛は、秋月次三が齋藤和節の『耳目集・拾遺』の巻百一の和節の避難記を『会津史談』5号から6号に連載した「斎藤和節翁戊辰戦乱避難の記」をどう勘違いしたのか、秋

月次三が避難したように書いている。その内容はこの和節の『耳目集拾遺』の記述に添っているのだから、完全な間違いなのである。そこで、齋藤和節のためにもその誤りを指摘しておく。

4　会津戊辰戦争での心温まる話

会津での長岡藩士たちの活躍ぶりは会津各所に言い伝えられております。長岡藩が陥落したので、友藩である会津に逃避した藩士たちとその家族は、惨めな姿で、会津に逃げてきました。その苦労は並大抵なことではなかったのです。だから、長岡では、今でも西軍に対する怨念から〈官軍〉という言葉は、禁句になっています。

会津高田に、二木《にき》屋という薬屋が現在もあります。この薬屋が、長岡藩士の家族を手助けした話はよく知られていません。この時、長岡藩士の或る家族、母子四人が、長岡から逃れて会津高田の村にやってきました。その時、母が病気に苦しんでいたのを見て高田で薬屋をしていた二木屋八兵衛は、家の中に入れて薬を与え、よく面倒を見ていました。

母は病床にあって、動くことも出来ず、この二木屋の八兵衛とその家族は、我が家に泊めて手厚い看護をしてあげていました。薬屋の主人の八兵衛は戦争中なので、薬もなかなか手に入れることが出来ませんでしたが、貴重な薬を調合して病人に惜しげもなく与えていました。

ところが、西軍が城下に迫るようになってきたので、高田にも敵が押し寄せてくるようになると思われて、八兵衛は、さらに山の方の親戚の農家に頼んで、その在所に移し、食料や布団を運んで隠していました。その後、戦争が激烈を極めてきたので、会津にいては危ないと思って、八兵衛は「旅費の足しにしなさい」といって金二両を持たせて、米沢へ遁れさせたのです。

後年、家族の者たちが言うには、この二木屋という薬屋がいなかったならば、私たちは、今日こうして無事でいることはなかったといい、戦後、大恩を受けた御礼を言う機会もなかったのを残念に思っていたと言っておりました。

戦争の真っ只中で、この八兵衛の救いを受けた、当時十一歳だった子供が、後の小金井良精《よしきよ》だったのです。小金井良精は母の病気を助けてもらった、この二木屋の八兵衛の献身的な姿を見て、後年医学の道に進むことになったと言います。

彼は、日本で医学博士第一号となり、東京帝国大学教授となって、解剖学やアイヌ研究の第一人者となって活躍するのです。彼の妻はあの有名な森鴎外の妹なのです。この時、この高田の二木屋八兵衛の献身的な助けがなければ、小金井良精は日本最初の解剖学の権威者とはなれなかったでしょう。意外に、会津戊辰戦争の裏にはこのような美談も残されているのです。

（ラジオ福島　平成27年7月放送）

5　修羅場と化した避難民の群れ

慶応四年戊辰の年、八月二十三日は、「会津にとって最も長い一日」であった。西軍は、なだれの如く若松の城下に侵入してきた。今まで、戦争などは他国のことと思っていた庶民にとっては、大きなショックを受ける。避難する群衆が若松の城下から四方に散っていった。その日はあいにくの大雨で、道はぬかるみ、倒れ込む老人や女子供たちの姿は、まさに地獄の絵図を見るようだった。

南の門田地区や、西の会津高田方面に逃れようとする庶民の群れは道一杯に広がっていた。材木町の商家の息子の大井辰吉少年（当時十三歳）は、その様子を記録に留めている。（『会津高田町史』第二巻「大井辰吉履歴」）

特に渡し場では我先にと乗舟を競い、幼児の泣き声は悲痛この上なかった。人があまりにも多いため、舟が動かないほどの人々が乗ろうとしている。舟はたびたび転覆し、溺れる者は手をあげて救いを乞うていた。死傷者はかなりの数にのぼっていた。

大井一家は小松（旧川南村）の縁故の齋藤孫四郎宅に避難しようとしていた。姉のくには妹のつねを背負っていた。辰五郎は姉妹の手をしっかり握り、ようやく西岸に達した。弟の留八は水練を嗜んでいたので泳いで渡った。

齋藤家には数日いたが、避難先でも西軍は「敗残兵がいないか、協力者はいないか」と言って一軒一軒調べて歩いたので、男たちは長持ちの中に隠れていた。さらに、戦争が激烈になってきたので、難を避けようと、さらに山奥に逃げ込む。

青村からさらに奥の大岩村（旧尾岐村）の名主の所に落ちのびる。母や妹たちを残して男たちは、下谷ケ地の炭焼き小屋に隠れていた。食糧も不足し、山百合の根や山葡萄で飢えを凌いでいた。

戦いも少し落ち着いて、十日あまり経ってようやく母親と姉妹たち、家族の者たちと逢うことが出来て、材木町の家の様子を見るために戻ることにした。途中、大川の岸辺に来てみると、戦死者の屍が山のように重なりあっていた。

河原では、会津藩士の奥方が白装束に薙刀を手にもって、西軍の一人を打ち倒した情景を見た。また、家に戻ってみると、近所の山浦軍蔵の父親の首なしの死体を見かけ、その哀れな姿に何とも言えない憤りを感じている。

我が家に帰ると、屋敷は全焼、土蔵二棟は辛うじて残っていた。その蔵の扉には「薩州二番隊」と書いてあり、もう一棟には「長州二番隊」と誇らしげに書いてあって、中を見てみると、品物はきれいにすべて略奪されていた。わざわざ略奪していった隊の名前を誇らしげに記していったことに対して腹立たしかったと記録している。

門田地区の沢という村には、一軒に百人もの避難民が重なるように寝ていた、という話もあって、山際の村々は多くの避難民でごった返していたのである。とにかく、逃げ惑う避難民の群れは各村々に溢れかえっていた。このように戦争になると、非戦闘員の婦女子や子供たちが最も苦しむのである。

6　戊辰戦争にかかわる寺々

西軍と関係を続けた住持たち

浄土真宗の寺は「住職たるものはその戸主、跡をつぐべし」ということになっているところから、戊辰戦争でもいろいろな対応を示した。本願寺は会津においては松井山専福寺〈本願寺派〉が役寺であった。そんな関係からか、西軍の負傷者を担ぎこんできて病院のような所になって、城攻めの邪魔になるといって焼き払われた寺の中で、この本堂は辛うじて残った。

安養山極楽寺〈本願寺派〉は小田山の下に位置する寺で、葦名の一族だったが、住持一祐が西軍を小田山に導いたといわれている。戦後、この一祐はたびたび京に上り本山と連絡をとり、新政府に協力する指示を受けていたといわれていた。これを恨んだ二十歳の武田宗三郎は住職はじめ一家を悉く斬り殺すという悲劇が起こったという。それは戊辰戦争が終わって二ヶ月後のことだった。

行仁町の水登山真龍寺〈本願寺派〉の十世河井善順は学識高く、弁舌もさわやかであった。幕末に京で学んでいた時、禁門の変で、西本願寺が長州兵を匿っていたので、会津藩は引渡しを要求したが寺では応じなかった。そこで焼打ちになろうとした時、本願寺では会津の末寺である真龍寺に仲介の労をとることを依頼した。その時、善順は長州兵を説得して退去させ、焼打ちをやめさせた。その行為を非常に評価して、真龍寺に院号を与えた。

さらに落城して二ヶ月後、会津の逸材が朽ち果ててしまうのを惜しんだ秋月悌次郎から頼まれて山川健次郎、小川亮の二人を連れて新潟にいた長州藩奥平謙輔に託する役目を善順は引き受けた。二人を小坊主に変身させ見事に送り届けたのである。現在、その時の書簡類が寺に残っている。

世襲の真宗の寺の智恵

勝曼山蓮華寺〈本願寺派〉は幹線、滝沢街道の付根に位置する最重要拠点に当たっていた。したがって、戦火はいち早くこの寺を包んだ。世襲をとる浄土真宗の寺は、家族の誰かが生き延びなければならなかった。そのため、時の住持教導は家族を半分ずつに分けて在郷に疎開させることにした。一つは本尊、阿弥陀如来像を持って大沼郡大門（元会津本郷町）に、もう一つは、聖徳太子像を持って河沼郡熊野堂（元河東町）に退去して戦火が収まるのを待っていた。

また、片岡山満福寺〈真宗大谷派〉では、烈しい略奪の中で過去帳や寺宝などを地下に埋めて最小限に難を避けていた。その過去帳には「長岡藩士前田祐之助自殺。三間市之進病死」など土に汚れた痛々しい跡が残っている。

さらされた戦死者の遺体

落城後、市中に散乱していた戦死者の遺体は葬ることは勿論、手に触れることさえ許されなかったという。遺体は月日の経過と共に風雨に曝され腐乱し、野犬や鳥に食いちぎられるその惨状を見かねて、何度も埋葬することを嘆願したが、ようやく許されたのは明治二年旧二月十四日だった。しかし、埋葬は賊軍の遺体ということで、神指の薬師堂河原の罪人塚を指定されたが、哀願の末、七日町の正覚山阿弥陀寺〈浄土宗〉と無量壽山長命寺〈大谷派〉の二寺に限り許されたのである。

阿弥陀寺の境内には八間（十五ｍ）四方の穴を掘り棺に包まれることなく、元藩士の伴百悦らが埋葬の作業に手を貸していた。墓は東西七・五ｍ、南北二十二ｍ、高さ一・二ｍの壇を築き、周囲に木柵、その上に松が植えられていたという。現在、戦争の責を一身にとり自刃した萱野権兵衛の遥拝碑が建ててある。

長命寺の方は、住持の幸證が土饅頭にして三つ、自らこれを埋葬したという。しかし、墓を建てることは絶対に許可されず、阿弥陀寺より遅れること五年に、志田右一郎外、七十四人の有志によって建てられた。しかし、「戦死墓」とだけしか記されず、百四十五名の埋葬者の氏名すら刻すことができなかった。そして、長命寺の由緒ある白線をつけた土塀には弾痕の痕がいたる所にあって、戊辰の戦いの激しさを物語っていたが、昭和三十九年の新潟地震で崩れ落ちてしまった。

戦死者の埋葬に関する悲劇は、滝沢の郷にある妙国寺にもある。言い伝えによると、白虎隊十九士の無惨な姿をみて滝沢村の肝煎、吉田伊惣治は同情を禁じえず遺体を近くの妙国寺に運び葬った。ところが、これが西軍の耳に入り、厳しい取調べを受け留置されてしまった。後に村人たちの嘆願によって許された。そこで、妙国寺に埋めた遺体を掘り起こし、自刃の地、飯盛山へ改葬されたという話も残っている。

若松の寺は、西軍による城攻めの邪魔になるといってほとんど焼き払われたり、破壊されたりした。しかし、さすがに「菊の御紋」を掲げた勅願寺である融通寺だけは焼き討ちするわけにはいかなかった。ところが、城下は西軍の分捕、略奪は激しく惨憺たる様相を呈していた。この寺でも焼失は免れたが、家財道具や多くの書類などを門前で焼却し、その火が三日三晩にわたって燃え続けていたという。

そして、ここは西軍の連絡所でもあったため、西軍兵士たちの遺体の多くはここに埋葬され、住職の岳順は強制的に回向を命じられたという。

悲劇の痕留める墓所

青木の善龍寺〈曹洞宗〉には西郷頼母と妻千重子の墓と、「二十一人之墓」とがある。二十一人とは、頼母の母・妻・妹（二人）・娘（五人）の九人と、支族や親戚の老人、婦女子十二人が頼母邸でことごとく自刃したのを合葬したものである。会津藩婦女子の悲劇の象徴として語り継がれた人々の墓なのである。

本堂の北側には会津戦争で殉難した婦女子の霊を供養するため、昭和三年戊辰嫋竹会《なよたけかい》によって「奈与竹の碑」が建てられた。昭和五十二年五・六mの大きな碑が建てられた。裏面には「明治元年戊辰殉難会津藩婦人」として二百三十三人の婦女子の姓名が刻まれている。

西会津・野沢の隆源山常楽寺〈曹洞宗〉は交通の要路で、戦争後に役場が設けられていた。長岡藩士の岡村半四郎（三十四歳）・中田良平（二十五歳）の墓が本堂の裏にある。過去帳には「右両人当所苦水に於いて殺さる」と記されてある。西軍に首を切られたのを見て下男が寺に葬ったという。敗者の哀れな姿を見るに見かねてのことだった。

（『会津人群像』10号〈平成19年刊〉所収）

7　岩国藩の少年兵は見た

ここに、長州の岩国藩の少年兵、森脇孝之の『軍中日記』が残されています。これには敵軍の十七歳の少年兵の見た戦争終了直後の若松の城下のことが述べてあります。十七歳というと、丁度会津の白虎隊と同じ年頃です。その西軍の少年が見分したことが書かれております。この書は、縁あってその家族と親しくしていた、会津美里町新鶴地区の横山満氏の所に送られてきたものを複製したものです。

これには、九月二十三日の戦争終了直後の若松の様子が書かれています。それによりますと、家という家は残らず焼失し、残った家の壁には大砲の弾丸の痕が蜂の巣のようにあいていたと言います。また、城のお堀は、広くて水が深かったが、今は、死骸の山で、水が見えないくらいにあふれるほど一杯だったと言います。胴と頭が離れ離れになっているのもあって、水の中に重なるようになってうず高くあったと言います。

馬も水の中に何頭も死んでいて、物凄い死体の臭いがプンプンと鼻をついて、気持ちが悪くなるほどであったと書いてあります。また、七日町通りでは、群衆が帰る家なく、往来に満ち満ちて地面が見えないほどいた、と言います。そこでは、露店を出して品物を売買していたのですが、そのほとんどが武士だったことに驚いております。この少年兵の目には、武士が物を売る姿が不思議だったようです。

西軍は町屋に入ってあらゆる分捕をしました。馬や、荷車に山のように札を付けて、西軍の故郷に送り届ける者もいたということです。この様子を見て、「あはれといふもおろかなり」とこの少年兵は冷静に見つめています。また、分捕った品物を売った金を自分たちの手当にせよと言われていたといいます。そして、分捕った家は必ず焼き払うことを命じられておりました。彼は「誠に以て惜しき事をしたやうじゃ」と残念がっております。しかし、このようなあさましい分捕に関しては、この少年兵はあくまで批判的に見ております。

この西軍の少年兵は、城下に侵入した時の大川の渡し場の地獄のような有様にも触れています。折からの大雨で水かさも増し、水の勢いも急で、その上、多くの人数が舟に乗ったので舟は転覆して、溺れ死ぬ者が三百数十人もいて、その悲惨な様子を目撃したことを書き留めております。

とにかく、戦争直後の城下の混乱ぶりは口に表すことが出来ないほどだと、その感慨を述べております。戦争が終わって、避難民たちが帰ってきたけれども、夜露を凌ぐ所もなく、恐らく平家の落人たちもこんなであったろうと、その悲惨な状況を『軍中日記』に記しているのです。

（ラジオ福島　平成27年7月放送）

8　会津美里町と戊辰戦争

平成三十年（二〇一八）は「戊辰戦争百五十年」の記念にあたる。一昨年は会津三十三観音巡礼が日本遺産に指定されて賑やかだった。私は戊辰戦争の研究者でも、専門家でもないので、「会津戊辰戦争のこぼれ話」みたいなことを述べてみたい。

平成三十年四月十七日付の『福島民報』に、「敵の呼称に衝撃」という見出しが大きく躍っていた。これは高知城歴史博物館に、会津から「戊辰戦争の開戦から百五十年が近づいてきたので、敵の史料を展示したい」という依頼の話のことだった。その言葉に高知の館長は物凄いショックを受けたという。

逆に、何気なく普段使用している「敵」という言葉だけに、よりショックだったという。確かに「薩長土肥」に対して、年寄りなどはよく口にしているようだ。

また、私の息子に山口県の友人がいるが、会津に来た時は「おれが長州の者だと決して言わないでくれ」と言っていたことが思い出される。今更何だというが、心ある長州の者にとっては意識しているようだった。

このことは、加害者と被害者との関係だからだと思う。つまり、加害者は忘れていても、その被害者はいつまでも覚えて根に持っているということだ。この関係の感情は、いつの世にも存在していることを忘れてはならない。被害を受けた方は、執念深く意識の底に持っているのだ。官軍と向こうの人では何気なしに使っているようだが、会津や長岡、庄内では「官軍」と言うと嫌な感じを持たれる。

また、この時、日本の国中から会津を征伐しようとやってきたという。これは、会津美里町の旧旭村の杉原の原長太郎が『国乱記』の中で書いているが、戦争なんて経験したことのない太平の江戸時代を過ごした会津の農民たちにとっては、想像もつかないことだった。だから、会津では戦争と言うとそれは「会津戊辰戦争」のことだったのである。

会津美里町の置かれた立場

会津戦争に関する会津美里町の状況については、それほど大きな比重として取り上げてはいない。しかし、下野街道沿いの戦いとしての、大内・関山・本郷の各宿場での東軍の戦闘ぶりは、よく世に知られている。

さらに大川の渡し場としての本郷地区の存在は大きかった。幾千人もの避難民が一度に押し寄せてその慌てふためく有様は幾多の逸話を残して、それは誠に異常なものであった。

会津戊辰戦争での会津美里町の置かれた立場として、次の三点が挙げられよう。

一つには、西部と南部の山岳地帯から若松の城下に攻めてくる敵に対して、重要な守備の要に位置していたこと。

二つには、若松に隣接していたことから食糧の大切な補給地、兵站地としての役割を担っていたこと。

三つには若松の城下の戦乱から避難して来る藩士の家族や、若松の町人たちの疎開先の受け皿となったこと。

これ等の観点から会津戊辰戦争の中での会津美里町はどんな舞台だったのか。また、それが全戦局でどのような位置を占めていたのか、みてみたい。はじめに、この会津美里町での戦争に至るまでの主な経過について、そのあらましを述べてみる。

会津美里町の戦争までの経過

まず会津への関門として重要地点である白河城のあっけない敗戦である。圧倒的な兵数を持ちながら大敗したのには、火器などの装備の質の違いがあった。さらに、指揮官の戦略や作戦、用兵の差により東軍の死者六百八十二人、西軍の死者十二人が示すように、惨敗したのである。

次のポイントとしては、八月二十日～二十二日にかけての母成峠が破られたことである。八月二十一日は朝から大雨で濃霧になり視界ゼロに近かった。その時、石筵の村では東軍に焼かれたことを怨んでいたので、住民が間道を案内して西軍を有利に導いた。その東軍の防衛線を打ち破り、猪苗代を経て十六橋から雪崩の如く若松に侵入した。

次に新発田藩の裏切りにより、七月二十九日に新潟港が陥落したことである。このことは、その後の東軍の武器・弾薬の補給路が完全に塞がれたことを意味する。その上、抵抗を必死に続けていた長岡城が落城したことも大きな痛手となってしまった。

しかし、注目すべきは、その後、圧倒的な兵力を誇る西軍による越後口からの進入を、十日もの間、只見川で押し止めたことである。さらに、西軍が若松城下に突入したので、東軍は八月二十五日から二十六日にかけて、津川から撤退を開始した。

長州の山縣有朋率いる西軍の大軍は片門、舟渡の渡し場に八月二十七日に着いたが、川幅二百mの急流で、そこに架けてあった舟橋を東軍は引き上げてしまった。したがって、只見川を目の前にして渡ることが出来なかった。西軍は、上流の柳津、西方、下流の西羽賀、夏井まで南北二十㎞に渡って渡河上陸を図った。しかし、川岸が断崖になっている所が多かったので、滞在を余儀なくされてしまった。やむを得ず西軍は若松に侵入していた兵を只見川に派遣せざるを得なかった。応援に駆けつけた西軍が気多宮から東軍の背後を攻撃することによって、ようやく九月五日になって、片門、舟渡の渡し場の防衛が破られてしまったのである。
このように八月二十七日から九月六日まで十日間守り通したことは、会津戦争の中でも目立った善戦ぶりだった。後年、山縣有朋はこの戦いに触れられることを嫌がっていたという。特に、この只見川の防衛線が打ち破られたことによって、いよいよ会津美里町が一気に戦場と化してしまったのである。

会津美里町での戦況

この戦いは、一つは下野街道での戦いと、大川を渡る避難民の群れ、それに萱野隊のもとで活躍した本郷の陶工たちの萱野隊のことと、高田・新鶴地区での戦いの模様について述べてみたい。

まず、本郷地区を主とした戦局である。本郷の戦いは、日光口から西軍が城下に入るのを食い止めることが目的だった。したがって、大内峠、火玉峠での戦いと関山・本郷の宿場での烈しい戦いが繰り広げられたのである。特に若松城下が戦火に巻き込まれてからは、日光口と越後口からの西軍の到着が遅れたのも、このような二つの主要な街道での東軍の必死の抵抗があったからである。

そこで、下野街道までの戦いについて、年表としてまとめてみた。

5月1日　白河落城。
5月19日　長岡城落城。
7月24日　長岡城を奪還。
7月29日　新潟港陥落。再度長岡城を奪われる。
萱野隊、蒲原郡草津村の赤坂山で戦う。

8月21日　母成峠の戦いに敗れる。
8月23日　若松城下に西軍侵入。
8月26日　日光口参謀、山川大蔵が若松に呼び戻される。
8月27日～9月6日　西軍主力部隊、東軍の抵抗を受け、舟渡の只見川を渡れず。
8月29日　西軍、案内人の出迎えを受け、田島に入る。
9月1日　西軍、大内宿に到着す。
9月4日　この頃、東軍は大内周辺の守備を固め若松城下への最後の防衛戦で徹底抗戦す。栃沢・関山は激戦地となり、西軍は関山に進入し、本郷へ追撃す。
9月5日　西軍、雲霧に乗じ大川を渡り、材木町附近に達す。
9月6日　佐川隊の一隊は水戸兵を率いて面川に宿す。
9月7日　佐川隊、大内村に進出、宇都宮兵は弾薬等を捨てて夜逃げる。
9月8日　佐川隊、高田村に本営を移し、兵を分けて永井野、境野に置く。水戸兵永井野にあり、西軍の水戸兵が青村に来たのを追い払う。

本郷の陶工たちの戦争

さらに本郷の陶工たちの戊辰戦争への参加である。文久年間から、非常事態に直面して本郷の陶業に従がっていて、士分待遇者四十余名は武芸に励み一旦ある時に備えていた。特に「足並の稽古」（太鼓の打ち方により進軍する）や私信や手控え等のものは焼失して子孫に残さないこと、などを誓約として出している。

御留守役寄合銃隊を萱野隊寄合組に改め、本郷の四十余名は慶応四年三月十二日若松を出発して新潟の水原陣屋に到着、その後、九月二十二日の敗戦まで越後方面の各地に転戦した。遠藤寅之助・平太と、柏村善平・孫作等は、父子で参加した。

この戦いで戦死したのは遠藤寅之助、岸清兵衛、小川勇之助、遠藤忠節、栗城惣吾、佐藤政治である。その墓碑などは、観音山の西はずれに、戊辰戦争で越後戦線に従軍した萱野隊を記念する三基の記念碑が立っている。中央に「死節碑」、その右側に「萱野隊長之碑」、左側に明治戊辰九十年祭を記念して建てられた「明治戊辰戦役萱野隊記念碑」もある。

さらに旧本郷一小の裏の田圃の中の雷神祠の境内に戊辰戦役の戦死者を葬った墓碑がある。新町大石裏(御弓新田)西の田圃の中の墓地に「八勇士之墓」がある。また、関山には九月三日の戦いに、野村悌之助、渥美守太郎以下将卒四十名が戦死した所で氷玉川べりに「戦死四十人墓」(明治十八年再建、当主施主金子千代之助と裏面に刻んである)が建てられてある。栃沢集落南方の谷間には「七人之墓」がある。西軍の宇都宮藩兵の戦死者の墓。集落の東の墓地にも宇都宮藩士の墓が一基ある。

高田・新鶴での戦闘

白河口の兵力は精兵に徹していたので、中通りからの西軍は、越後口よりもいち早く城下に進攻した。それに反して越後口からの西軍は、多くの寄せ集めの兵だったからか、越後口からの主要部隊が只見川の片門の渡しで十日間足止めをくっていたが、ようやく九月七日になって舟渡から坂下へと進撃してきた。さらに八十里越からの西軍は、銀山街道などの奥会津からの道を進み、昭和村から博士峠を経てきた。そして、狭間峠越や柳津街道の逆瀬川や赤留へと軍を進めて大量の兵力が美里町に侵入してきたのである。

補給地の高田の防衛

その頃、お城を包囲していた西軍は、味方の損害を最小限度に留めようと、兵糧攻めにするため、攻撃が緩慢になってきた。しかし、日光口からの西軍が関山・福永・本郷・飯寺を破って城下に進入し、高田周辺の補給路が絶たれてしまった。そこで、城西方面、特に飯寺からの西軍を追い払うように城中から佐川官兵衛に命令が下り、大内から高田に本陣を移し、補給路を守ろうとして戦った。しかし、高田の四方を敵に囲まれて佐川は、橋爪組、上荒井組の肝煎を通して食糧を調達しようとしたが、周囲を敵に囲まれて、なかなか城内に入れなかった。

西軍の主力部隊は、新鶴の新屋敷附近に集合し、高田の有力な東軍を包囲攻撃して会津平野を全て占領しようとしていた。そして、六方面より高田を包囲攻撃する態勢をとった。それは、①新屋敷、②佐賀瀬川、③中山、④赤留、⑤大岩、⑥高田東部の六方面からであった。

これに対して、東軍は主として北方の境野、檜の目を第一線として陣地を設けた。さらに、雀林、八木沢、赤留等にはそれぞれ監視所を設けて警戒していた。佐川の司令部は伊佐須美神社に置いていた。

九月十六日には八十里越の西軍が仁王寺から永井野に来たとの報を受けて長岡、水戸の市川隊が佐川官兵衛を助けた。その時、水戸の市川隊（諸生党）が西軍の中に水戸の天狗党の一隊があることを知って、水戸の市川隊は、天狗党への恨みを果たそうと、永井野で烈しく戦い、青村から敗走させた。

それより先に、九月十二日には、会津藩の兵糧奉行から、会津美里町の各村から、米・豆・蔬菜・薪炭等を供出させているが、その折、高田村の肝煎の須藤和右衛門、佐藤清左衛門、浅野円之助等は、村人を動員して社倉米を城中に入れようと大いに働いた。またこれらの肝煎たちは若松城開城の際に金子を献上したという。

高田の在郷はすでに敵の占領地となってしまい、旧高田村だけが敵の手に落ちなかったので、その補給地としての役割を最後まで果たしていたと思われる。なお、高田代官所の帳付けの津田新三郎は食糧運搬に功績があったという。

九月十三日には、西軍は八木沢方面を襲撃したが、境野村を守っていた武井柯亭がこれを撃退している。九月十六日、八十里越から進入してきた西軍は、仁王寺村より永井野に迫ろうとしていた。東軍の砲兵隊は尾岐窪の山上に設置して応戦した。この時、西軍をわざと深く入らせて左右から突如猛攻撃を加えて敵を上青村の方に敗走させている。

九月十七日、永井野を守っていた朱雀二番士中隊の長谷川勝太郎は兵の交替をしないうちに兵隊を率いて陣地を退いたことから、水戸兵と口論となる。また、一ノ堰の攻防に敗れた上田学太輔と諏訪伊助とが高田に後退してくる。

九月十八日は、高田の最後の攻防戦となった。西軍は、新屋敷、佐賀瀬川、中山、赤留、大岩と城下から応援に来た西軍は、高田東部の六方面から高田を包囲し高田占領に猛攻撃をかけてきた。これに対し佐川官兵衛を隊長とする東軍は必死に守ろうとしたが、圧倒的な数の兵力、火器の優劣によって圧倒され問題にならなかった。

避難の有様

東軍の敗戦により城下へ行く避難民、藩士達は永井野から上中川村の前を通り下杉の原、旭の兎沢、小川窪、市野、市野峠を越えて、大内に逃げ延びる者は数えることができないほどだった。大内に行けば、米はないと思ったからだろうか、その附近の農家から米を分捕って各村の人足に荷を負わせて村中大騒ぎだったという。西軍の攻撃は午前中で終わり、この日をもって会津平野の城外の戦いは終了することとなったのである。

この時、西軍は永井野の宮川から旭方面には攻めなかった。それは、西軍が圧倒して攻撃を加えると、包囲された会津軍が死を恐れずに向かってくるので、味方の損害も数知れずとなる。そこで、逃げ延びる所をわざと空けさせたという。そこは、上中川村前から下杉、兎沢、小川窪、市野、そして市野峠から大内への道であった。

また、多くの避難民が、八月二十三日を境にして在郷へ逃げ延びようとする様子が、「大井辰吉履歴」という記録に残っている。

その他にも、若松城開城の後にも多くの会津藩士や同盟軍の妻子たちの避難の有様が記録に残っているが、中にはどこのどの家に疎開したか不明な者も数多くある。

川南村の上荒井新田（御弓新田）も陶工が多くいる所だが、ここからも三十余名ほどが戦争に参加している。御弓新田は会津本郷焼の産地として本郷村とともに三百余年の歴史を持っている。特にここは保科正之公の会津入城とともに、弓足軽三十人組を置き、下野街道警護のための屯田兵のような存在だった。

旧川南村の上荒井新田

正保四年（一六四七）陶祖、源左衛門が本郷で陶器製造を始めてから十五年目の寛文元年（一六六一）、上荒井新田在住の植松甚左衛門と栗城吉左衛門（共に会津藩弓組足軽役）が瀬戸右衛門（源左衛門の弟）に弟子入りして陶業を習い、同地で陶器を作り始めた。これ以後、上荒井新田は会津本郷焼の産地として本郷村とともに三百余年の製陶歴をかざることになる。藩祖正之公の会津入りと共にここに置かれた弓足軽三十人組は下野街道警護のための屯田兵とでも見るべきだろうか。「諸組に属せず」と書かれているのを見ると、藩庁の直轄地域だったのであろう。

上荒井新田出身の戦死者は八人で、深谷作三郎（十九歳）・湯田忠伍（二十一歳）・山田重三（二十歳）・小池弥久（三十歳）・目黒常次郎（十九歳）・吉田善七（二十六歳）・小川勇之助（十九歳）・佐藤政治（二十二歳）の八人の戦死者は新町の裏の墓地に「八勇士之墓」として葬られている。

なお、現在、戦死者の墓で現存するものは次のようなものである。

○「戦死四十八人之墓」―関山南にある。
○旧本郷一小の裏の田圃の中の雷神様の境内にも戊辰戦役の戦死者を葬った墓碑がある。

四、会津の道と宿場

1　会津の道の特色

会津は四方を山に囲まれています。会津には古くから、必ず険しい峠道を越えないと入れないのです。だから会津にはおよそ百二十八もの峠があるのです。

昔は、村の中には、家から家へと通ずる小道があって、さらに村から村を繋ぐ道が曲がりくねっていました。それに反して今はバイパス道路が方々に出来て道路を直線的に敷設しております。峠道も車時代にふさわしく、今ではトンネルとなってしまいました。「トンネルを抜けると会津だった」というくらいです。

今でも村の中を広い直線道路が通っている集落があります。それは、ほとんど、昔の宿駅だった集落なのです。村の中央に水路があって、その両側に道があったのです。その水路を車時代になって広く使えるように両側に移したので、幅広い道路となったのです。大内が最も古い面影を残している代表的な村です。例えば、坂下、高田、野沢、田島、糸沢、湖南の福良、喜多方の熊倉などの村々がそれに当たります。

だから、今でも、会津の町の中を幅広い直線の道路が通って、整然として家並が密集している集落は昔栄えた宿場、宿駅なのです。昔の荷物や人の輸送の手段は車ではなく、馬や牛、または駕籠だったのです。人が引く大八車はありましたが、西洋のように人の乗る馬車はありませんでした。

さらに幕府や藩の行政によって、主要道路には馬を或る一定の距離ごとに替えなくてはなりません。また徒歩旅行では休憩所や宿泊所などの設備も必要になってきます。そこで、宿駅が盛んに設置され、そこが流通、商業の中心地となってきたのです。「駅」という字は「馬偏」です。中国の古い時代から馬が重要な輸送機関だったのです。今は馬でなく車の駅となり「道の駅」が設けられ、旅行に関する物や土産品を売ったり、食堂があったりします。この「道の駅」が昔の宿場に当たるのです。

ところが、江戸時代以前には、西洋のように人の輸送に馬車を用いなかったのです。だから馬車の話が、江戸時代までは書物や文献には出てきません。不思議に思ったのですが、それは、車に人を乗せ、馬に車を曳かせたのは、日本では明治になってからだったのです。明治の近代になってから伝わったもので、それ以前はなかったといっていいでしょう。

もう一つの理由は、日本は山国で、その上、車の通る道には急な坂が多く、車には適せず、人の担ぐ駕籠や、馬や牛に荷物や人を載せて運んだのです。会津の道も主要道路が若松城下の大町の四辻を基点として東に白河街道、二本松街道、西に越後街道、南に下野街道、北に米沢街道と五街道が放射線状に通っていました。

（ラジオ福島　平成24年7月放送）

2　会津の街道

会津の藩祖、保科正之が会津に入城して幹線道路の整備に力を入れました。正之は、大町の四つ角の制札場（札の辻）を「会津本道五筋」の起点としました。領内の街道の宿駅の充実、並木の保護、一里塚の築土などを積極的に行いました。このように会津五街道が整備されたことにより、会津の道路が発展していったのです。

若松の城下には九十数軒の宿屋があったと言います。そのうち三分の一は越後街道筋に当たる、現在の七日町に集中していました。

会津には幹線道として五つの街道があります。その街道名は、白河街道・二本松街道・下野街道・越後街道・米沢街道というように、会津から行き先の目的地の名をつけます。たとえば、越後に向かう街道は越後街道と呼んでおりました。逆に会津に来る街道は「会津街道」と呼んでおりました。街道の国境には、関所が設けられておりましたが、会津では、それを「口留番所」と言っております。

会津の街道の中でも、参勤交代に利用した道がもっとも整備されていました。白河街道と下野街道がそれに当たります。白河街道と、越後街道とを繋ぐ一本の道を「会津通り」と呼んで、江戸時代の中央からみて、主要な脇街道の一つとなっています。

「下野街道」は南山通りとも言います。江戸への最短距離（二百四十六㎞）として白河街道よりも二十㎞ほど近かったので、米の運搬、商品の流通に多く利用されていました。厳しい山道も整備されてから越後から江戸への人の往還が多くなってきました。

しかし、五十里《いかり》川が水没して通れなくなって、元禄の頃から現下郷町松川から大峠を経て、那須、宇都宮へと通じる「松川通り」（宇都宮街道）を開きました。しかし、土砂崩れが頻繁に起こり、それに代わって、白河街道を参勤交代に利用するようになったのです。宇都宮街道は大川沿いに南下して塩生（下郷町）を経て、松川から野際新田の番所を通り、大峠を越えて氏家に至る街道でこの道は、若松から南下して塩生（現下郷町）を経て野際新田を通って氏家へ至る道であります。

会津米を江戸に運ぶ廻米の道の白河街道は、最初標高八百ｍの背炙峠を越えて、湖南の福良や御代《みよ》の宿場を経て勢至《せいし》峠、長沼から白河で奥州道中へと通じておりました。天正十八年（一五九〇）豊臣秀吉が会津に来たときには、道路を整備させ、帰りは下野街道を通りました。加藤氏になってから標高の低い滝沢峠が開削され、石畳の道を作り、通行しやすいようになりました。

このように「白河街道」は、早くから開けた関東との幹線街道です。湊地区の原から福良を経て白河に至る約六十八㎞です。保科正之が会津入りしてからは並木や一里塚を築き、宿駅の整備や国境の警備を重視したのです。三代藩主正容《まさかた》からは歴代藩主が参勤交代に用いた街道なのです。

「越後街道」は古くから会津の文化伝来に役割を果たした道でもありました。新発田まで約九十二㎞あり、佐渡の金山からの金の運搬や日本海の海産物や塩など物資を運ぶ重要な道でした。そして、上方への通路として商人たちは越後から北陸道を経て京大坂へと往還していました。また、塩の道、金の道としても主要な街道でした。

慶長の大地震によって、阿賀川が堰き止めされてから通行できなくなり、それより南の坂下、塔寺に宿駅を設置して、新街道を通るようになります。さらに片門の渡しを渡り、束松峠から野沢の駅へと通じる通路が出来て、この新街道を通る人の群れが多くなってくるのです。

「米沢街道」は上中下の三本に分かれる道筋があり、熊倉で一緒になります。蒲生、上杉時代の戦略的にも重要な道でした。伊達政宗が侵入してきた道であり、幕末には、吉田松陰、十返舎一九、伊能忠敬、高野長英などの有名人が通っています。また出羽三山参詣への道としてもよく利用していました。

「二本松街道」は古くから仙道（中通り）への交流の道でした。二本松まで約六十㎞あります。若松を出ますと、上街道（三城潟経由）と下街道（大寺経由）の二本の道に分かれますが、猪苗代からは合流します。後には下街道を主に呼ぶようになりました。猪苗代城や土津《はにつ》神社参拝への往還の道でもありました。
その外に、奥会津の複雑な交通網を示す「沼田街道」は、会津坂下町の気多宮を起点に只見川、伊南川筋に沿って桧枝岐へ、そこから沼山峠を越えて上州沼田に至る道路で明治十四年にこの街道名がつけられました。この道の脇道は奥会津の峠越えの道が分かれていて複雑な交通網を示しています。
また、津川、野沢から山都を経て喜多方へ通ずる「越後裏街道」は中追塩の道・徒背負の道といわれ、会津北方への物資流通の重要な道でした。

下野街道（歴史の道　百選の一つ）

下野街道は会津五街道の一つで、若松の大町札の辻から江戸まで六十里（約二百四十㎞）で旧道もあちこちに未だ残っています。その見所をあげておきます。

若松の大町四辻　←　若松から四方の道路を計る目印として「道路元標」があった。

飯寺の渡し場　←　上飯寺から日吉神社辺りまで旧道がかすかに残る。

本郷の宿駅　←　会津本郷焼の登り窯。

関山の宿駅 ←

大内峠・氷玉峠 ←

大内宿 ←

倉谷の宿駅 ←

楢原の宿駅 ←

長野の渡し場 ←

田島宿 ←

間宿《あいのじゅく》（今泉の馬宿） ←

糸沢の宿駅 ←

戊辰戦争の激戦地。会津藩士の「戦死四十人墓」附近に一里塚あり。

石畳が残る旧道。下ると「三郡境」の塚あり。「戦死二十四墓」もある。

「重要伝統的建造物群保存地区」に指定された。四十五軒の茅葺の家並み。

大内からは旧道も残り、宝暦二年の道標がある。長寿の水あり。

円福寺の樹齢五百年の大ケヤキ。玄番が持ち上げたという大石の「へいほう石」。

対岸に一里塚あり、イザベラ・バードも平底舟で渡った。

南会津の政治経済の中心地。幕府直轄の地で陣屋跡に記念碑。

中附《なかづけ》駑《ど》者《しゃ》（馬継ぎせずに目的地まで通し馬で運ぶ民間運送業）専用の馬宿。

昔の面影残る阿久津家。藩主が泊まった部屋は殿様の間として残る。

横川宿駅 ←中三依宿駅 ←五十里宿 ←高原新田宿駅 ←藤原宿駅 ←大原宿駅 ←高徳宿駅 ←大桑宿駅 ←今市宿駅（相の道）

文化六年糸沢の番所をここに移した。「呼ばわりの一里塚」がある。

近くの上三依には会津藩が通った一里塚が残る。

天和三年の日光大地震で男鹿川が堰き止められ水没。

江戸時代には川治温泉を通らずに急な登りの高原峠を通行し、文久三年、今の新道へと移る。

藤原宿の名主は「会津様御通り日記」の記録を残している。

西沢金山ゆかりの地。

会津藩の廻米を運ぶ阿久津河岸への分岐点。

大名行列の鉢合わせを避けるために二重並木を設定。杉並木寄進の碑あり。

日光街道との分岐点。

なお、越後からの商人たちが利用した下野街道の脇街道として次の三つの峠道があります。それは、坂下宿から高田宿を経て大内宿に行くルートです。

① 市野宿駅から市野峠を越えて大内宿に至る。この道は英国の女性探検家、イザベラ・バードが通った道で、越後の村上藩や新発田藩が参勤交代で通過した道でもあります。今でも車も通れますし、旧道も補修されて通ることが出来ます。

② 高田宿から東尾岐組を経て行く脇道が二つあります。その一つが結能《けつのう》集落から結能峠を経て大内宿に行く道です。ここは現在ではほとんど通る人もいないので、道が荒れています。

③ 東尾岐の入檜和田から檜和田峠を越えて大内宿に通ずる道です。集落から大内までの距離がもっとも近い道です。高田側からは旧道が残っており、春先には刈り払いしているようです。

3 会津の宿場

多くの観光客を集めている、皆さん御存知の「大内宿」が会津で唯一、昔の面影を残している宿場です。宿場の第一の任務は、公用の人と馬を次の宿場まで継ぎ送りすることです。この輸送の人や荷物を運ぶ馬を負担させられたのが、傳馬役なのです。この傳馬役のために付随して本陣や脇本陣や宿屋などの宿泊設備や休憩所を設けたのです。だから、宿場の中央には本陣や問屋場などの公共機関があったのです。

現在、このような宿場の名残として、本陣が大内宿にも復元してありますし、同じ下野街道の南会津町の糸沢の宿場跡には、本陣のあった家、阿久津家が残っております。公用以外に人や馬が余っていれば「駄賃稼ぎ」も認められていました。

しかし、宿場の経営は重要なので、いろいろな定めが通達されていました。だいたい一、二里ごとに馬を替えて荷物を積みなおす必要があったのです。これでは、時間もかかるし、荷崩れもおこすというわけで、乗換なしに通して運べれば能率的でないか、と考え始めます。

そこで、農民が自家用で運搬に用いている馬（手馬）を利用して、乗換なしに人や荷物を運び駄賃稼ぎをする、という者が出てきます。さらに、一人の馬方が複数の馬を追って長距離を付け通す者が出てきました。今で言う、無許可のタクシーや運送業者みたいなものです。

このように乗換なしに通して運ぶようになります。それが、会津の幕領の御蔵入で行われた会津特有の「中附駑者《なかづけどしゃ》」なのです。そこで、このような「付け通し」の方が、便利で早いので、こちらの方を利用するものが多くなり、馬継で公共料金を取っていた問屋場筋では困ります。そこで、争い事となって、訴訟に持ち込まれたりしています。

時代が下がり、公用以外に、旅をする商人や庶民が多くなると「駄賃稼ぎ」が多くなってきます。駄賃の取り決めについては、特別以外には、距離によって決めているようです、百文が会津の宿賃の相場であったようです。案外高かったのです。駅所では、飴、草鞋、松明、元結、鼻紙、手拭切、刻みたばこ、火打ち、などの旅で必要な品目を売っていました。このように、当時の宿場は、馬継の業務の外に、市が開かれ商業の中心地としての役割も果たしていたのです。今の「道の駅」も、その名残りのようなものでしょう。

（ラジオ福島　平成26年11月放送）

4　大内宿の保存

近年、大内宿へ訪れる人々の数は物凄い。この大内の何が人々を引き寄せるのか、それは何といっても茅葺の家並みにあります。茅葺の家が散在している集落は外にも舘岩の前澤集落などがありますが、四百mに及ぶ家並みで昔の宿場の景観を残している所は外にありません。だから、人々は目を見張るのです。まるでタイムスリップして、江戸時代の街道の一場面に遭遇しているような錯覚を呼び起こすのです。

そして、あの激しかった会津戊辰戦争からも、火災に遭わなかったのは奇跡的な出来事だったのです。それは大内の村の人々の献身的な尊い力によって守られてきたのです。しかし、今度の戦争が終わってから高度成長期に当たって、この宿場村に危機が訪れます。その時、二人の大きな力によって保存されたのです。それは、当時、武蔵野美術大の建築学科を卒業したばかりの相沢韶男《つぐお》さんと、下郷町長だった、今は亡き大塚實さんのお二人です。

相沢さんは、昭和四十二年、二十四歳の時、初めて大内に入って保存運動を始めたのですが、昭和四十四年六月二十五日付の朝日新聞に「この宿場ぜひ残して、若き建築家が訴え、いまでも完全な姿、文化保存に乗り出す」という見出しで全国版に三段抜きの大きさで掲載されました。これは相沢さんの情熱溢れる訴えであったのです。特に彼は「建築家の仕事は近代化の名のもとに地方の文化の香り高い建物を壊して新しい建物を造ることにあった」ことへの痛烈な批判でもありました。

ただ彼は、形ばかりの運動家ではなく、村人の気持ちや考えを十分に理解しようと励みました。特に「出稼ぎしなくて済む仕事を見つけてくれ」という村民の言葉が心に強く残ったといいます。「頭のおかしくなった気ちがい」とか、「文化財が来た」とまで言われたこともありました。

一方、地元で生まれた故大塚實さんは、中学校教員から県会議員、下郷町長となった人でした。会津の郷土史研究のリーダーとしての見識を持っていた人でした。だから早くから保存活動に熱心で、特に「文化財保護法の裏づけがないと行政は動かない」ということを切実に感じて、国の史跡指定を受けることから始めました。県教委でも調査を開始し、行政の面から強く運動したのです。その結果、昭和五十六年四月重要伝統的建造保存地区に指定されました。

更に大内ダムの補償金が入ると、家を新しく立て直すことが進められてきました。大塚さんは「観光地として生きるか、元の山村にするか」と、損得で押し通そうともしました。この二人の保存活動が大内の宿場の保存に大きな力となったのです。大塚さんは十五年前にお亡くなりになりました。相沢さんはその後も大内に来て、まだ、保存活動を続けています。素晴らしい相沢さんと大塚さんの活動でした。


（ラジオ福島　平成26年11月放送）

五、鶴ヶ城　アラカルト

1　お城にまつわる話

若松の鶴ヶ城を最初に築いたのは皆さん御存知の蒲生氏郷ですが、今残るような城に改修したのは、加藤嘉明、明成父子なのです。関東・東北にかけて最も早く築かれたナンバーワンの近世の城郭なのです。その天守閣の高さは三十八ｍ（再建後）です。天守閣は戊辰戦争で数多くの砲弾を受けて、痛々しい痕を残しておりましたが、崩れることなく誇らしげに立っていたのです。

しかし、この鶴ヶ城も明治七年に取り壊されてしまいます。それは、まず、いつ崩れるかわからない危険なことと、もう一つには、会津の人たちがその無惨な姿を見て明治新政府への恨みをいつまでも残さないようにという配慮から、明治新政府が取り壊したのです。

外堀は明治になって完全に埋め立てられましたが、内堀はほとんど残っています。本丸から二の丸への内堀に架かっていた廊下橋も残っておりますが、蒲生氏郷が城を築いた時には、屋根がついていましたので、「廊下橋」と名づけられたのです。加藤氏の時に取り壊して今の形のようにしたといいます。それは、いざ敵が攻めてきた時に、簡単に落とせるようにしたからです。

蒲生氏郷の時はこの廊下橋がお城の正面口でした。東山温泉のある東の方角が正門口だったのです。それまでは、白河街道の道が、背炙山の険しい峠を越えていたのです。加藤氏の時になって、遠回りになりますが、滝沢峠の緩やかな道を開削して通るようになりました。したがって、今度は北の方角が正面口になりました。この時から北出丸や西出丸をつくって北口を固めたお城にしたのです。

若松のお城には敵の侵入を防ぐためにいろいろな工夫がなされております。「忍者落とし」と呼ばれている石垣もあります。横の長さが百三十五m、高さが二十五mほどあってどんな忍者といえども二の丸側から本丸に上ることが出来ず、東日本の城では最高の石垣だったといいます。

明治二十三年には、必要のない城や土地を旧藩主に払い下げております。鶴ヶ城跡もその時は、土地が八万七千坪でありました。当時の金でも二千円という超破格の安い値段だったといいます。後に、若松市が十年年賦で購入し、昭和二年に、正式に所有権が若松市のものとなって現在に至っているのです。

そして、戦後、会津のシンボルとしての鶴ヶ城の天守閣の再建の話が持ち上がり、当時の横山武市長が一部の強い反対を押し切って、昭和四十年に工費一億五千万円で再建したのです。その時、予定の三倍の約七千万円もの篤志寄附が会津内外からあったと言います。会津のシンボルともいえるお城は、会津人の心の故郷でもあるのです。

（ラジオ福島　平成25年7月放送）

2　お城の建物

お城といえば、ほとんどの人が天守閣を指すものと思っております。しかし、お城の建物は天守閣以外にたくさんあったのです。鶴ヶ城の天守閣の東側は今、広い広場になっています。そこは、本丸御殿という藩主中心に暮らしていた広い建物があった所なのです。

だから、「本丸」はお城の中で最も重要な所で、役所などの建物もあって、この周りを堅固な石垣や土塁で囲み、その周囲には内堀がめぐらされているのです。そして、この本丸への入り口としては三箇所しかありませんでしたので、その出入りは厳重だったのです。

この広大な鶴ヶ城の本丸広場は戦後間もなく、競輪場となったのです。昭和二十三年に、市長となった横山武は財政難から新制の中学校の校舎建築の資金調達のために、競輪場の建設を思い立ち、一県に一箇所だけ認められたことに目をつけて、県営会津競輪場とすることにしました。県と市で運営し建設費と利益は県と市で折半し、建設地を若松で持つことにしました。

ところが、お城は国指定の史跡であったので、文部省との交渉には難航をきわめましたが、期限付きで元通りに復元することを条件に、ようやく許可を得たのです。いよいよ昭和二十五年四月に会津競輪が始まりました。その時、利益は大いにあがって、市内の四つの中学校が建てられたのです。この本丸の建物の跡で、競輪が行われたことは今ではとても考えられないことでしょう。

この本丸御殿には多くの部屋があって、全部で八十九の部屋に二千五百十一畳の畳が敷かれてあったといいます。本丸の図面を見てみますと、東南の庭に面した部屋は「金の間」といって、特殊な造りがなされておりました。それは、この部屋に入って戸障子や床の間に手を触れると、四方に大きな音が鳴り響いて、人が忍ぶことが出来なかったといいます。

だから、機密の会議の部屋にもなっていたようです。また、その庭には「茶室麟閣」がありました（その当時は数奇屋といっておりました）。しかし、明治五年に若松の商人、森川善兵衛が払い下げを受けて、自宅に移築しておりましたが、現在はこの本丸跡に再移築されております。

東の中の庭には「御三階《おさんがい》」という建物もありました。これは内部が四層になっていますが、二層と三層の間に、中三階といわれる天井の低い部屋があったのです。この三階への階段は取り外しが出来るようになっていました。また、二階への階段を上がると音が出るように作られておりましたので、無用の者が上れないようになっていたのです。ここは秘密の会議などに使用されていたのです。

この建物は、明治四年に七日町駅の近くにある、阿弥陀寺に移築されましたが、大分破損が激しく、お城の元あった所に復元しようという話も出ておりますが…どうなることでしょう。（ラジオ福島　平成25年7月放送）

3　お城の石垣

お城には、「丸」と名づけられた区画があります。これは文字通り「丸い形を指すもの」で、鶴ヶ城には、本丸・二の丸・三の丸・西出丸・北出丸があります。本丸は変形五角形です。そのうち、三の丸を除いて、四つの区域が今なお残っています。三の丸は、戦前は連隊の練兵場となりましたが、戦後は、陸上競技場や野球場になってしまいました。今は県立博物館になっている所です。二の丸はテニスコートにもなっています。

お城に付きものはなんといっても「石垣」でしょう。城の美しさを生み出す大きな要素はこの石垣なのです。近世に造られたお城のどこへ行っても、建物は姿が無くても、石垣だけは残っています。だから、昔の栄枯盛衰を偲ばれる貴重なものだと思われます。城跡を訪れたら、石垣の美しさに目を向けるといいと思います。

鶴ヶ城の場合は、蒲生氏の時はまだ全てを石垣では築かれず、土塁の所も多かったのです。石垣には三種類の石組みが用いられているのです。

それは、野面積み（のづらづみ）……加工しない自然石を土塁の外側の周囲に積んでいく素朴な方法です（天守閣の石垣）。次に打ち込みはぎ乱積み……石の角を玄能で叩き、凸凹をなくし、表面を平らにして組み合わせる方法で、石と石との間に栗石（細かい石）を入れる場合が多いようです。切り込みはぎ……外観をきれいに整えるために、タガネで石の角を削り、表面を四方形に加工して、隙間なくピッタリと組み合わせて積む方法で、寛永年中以降、時代が進むとともに、隙間のない「切り込みはぎ」が用いられるようになりました。この三種類の石組みがすべてこの鶴ヶ城の石垣には見られるのです。

石は東山の石山の慶山石を用いたのですが、さて、この大きな石を三㎞もの道をどのようにして運んだのでしょうか。まず道に玉石を敷きます。その上にシュラという木で作ったソリを利用して何千人もの人力で引いたといいます。あまりに重い石を運ぶ場合は、遊女（女性）を石の上に乗せて踊らせて士気を鼓舞して運ばせたという話も伝わっております。

また、本丸の東側の石垣は、高石垣といって、反った形にしています。高さ十二間（約二十一ｍ）以上の石垣をいいます。石垣は敵からの防御のため、急勾配であることが望ましいのです。野面積みではこの急勾配には出来ません。

このように石垣は昔を偲ぶものとして、もっと注目したいものです。

（ラジオ福島　平成25年7月放送）

4　鶴ヶ城の今昔

慶応四年八月二十三日、西軍は怒涛の如く鶴ヶ城下に攻めこんできます。この時、会津軍の主力部隊は南の日光口や西の越後口などで国境警備のため分散して戦っていました。したがって、お城の中には老人たちの予備軍しかおりませんでした。一方、鶴ヶ城下には予定よりも早く進入してきた西軍は、午前十時ごろには既にお城の正門へと近づいてきました。

ところが、若松の城下のことや、お城の構造などの予備知識がないままに進入してきたのです。お城には深い堀が横たわっていて行く手を塞いでおりました。

そのうえ、枡形という門は真っすぐにはついていません。三方を石垣で塞ぎ、狭い横に進む道になっていたので、どこが入口だかわからずにウロウロしているうちに、城内から狙い撃ちにされて退かざるを得なかったのです。もしも、お城の構造がよくわかる者の案内があったならば、手薄な鶴ヶ城はこの時、簡単に落城してしまったと思います。そのうち、精鋭部隊が前線から戻ってきて守りが充実してきました。

なお、城攻めの場合は、攻撃側は守備側の三倍ものエネルギーが必要とされます。だから、全部包囲すると、敵は死にものぐるいになって、攻めるほうの犠牲が大きくなってくるので、東西南北のうち、どこか一方だけはわざと包囲を厳重にはしないで、逃げやすいようにと、包囲を緩やかにしておくのだそうです。

鶴ヶ城の場合は、南口の湯川の方がそうであったといいます。したがって、籠城中でも会津軍は敵の攻撃を受けずに、比較的自由に出入りしていたといいます。物資の運びこみもこの南側から運んでいたようです。

さて、鶴ヶ城が取り壊されて、大正六年にお城は旧藩主の松平家から若松市に譲られています。そこで、若松市では城跡を公園として整備するために、東京帝大の本多静六教授と造園業の小島国三郎の力で、鶴ヶ城を歴史的な記念物と、遊園地の二つを兼ね備えた公園にしようと原案をたてます。城の規模からいっても広く、歴史のある城跡を立派にしようとしました。

そのお蔭で今でも城跡公園として、観光客に親しんでもらえるようにとその役割を果たしております。この時、城内の樹木は、松が二百九十九本、杉が百三十六本、欅が四十九本あったそうです。有名な桜は、明治四十一年に歩兵第六十五連隊の設置を記念して植えられたものですが、現在、約千本あります。今年は植えてから百五年にあたります。その外、松が約四百本、杉が約三百五十本、つつじが数百本植栽されており、訪れる人たちを楽しませております。

（ラジオ福島　平成25年7月放送）

六、会津の人物伝　拾遺抄

1　岡　左内

これから話す、岡左内の珍しい言動は、上田秋成の『雨月物語』の「貧福論」にも取り上げられ、また、『常山紀談』巻之十六にも語られています。これらを読むと江戸初期には著名な人物だったことがわかります。

岡左内は愛すべき畸人でした。戦国期から江戸初期にかけては、様々な規格はずれの畸人変人が生まれていますす。それは、四角張った儒教思想の江戸時代には、のびのびとした剛直な武士は見られなくなったからです。そんな戦国武士の名残をとどめる岡左内は、蒲生氏郷の家来で、後、上杉景勝にも仕えます。その武勇は東国一帯にあまねく鳴り響いていました。

ところで、主君、蒲生氏郷がキリシタンであったため、左内も信者となって、一生変わることもありませんでした。猪苗代城主であったとき、見禰山麓に神学校を建て、宣教師を招いて教育に当たらせていたこともありました。

左内は、武勇に勝れていましたが、一風変わった、一つの偏った癖があったのです。それは、富貴を求める心が強かったことです。倹約を旨としてきたので、その財はかなりの量になっていたと言います。

彼は、苦労して溜めた大判小判を部屋いっぱいに敷き並べ、その真ん中で寝転ぶのが楽しみだったのです。世の人たちが好んだ月雪花に遊ぶことをしないで、専ら、金を貯めることに専念していました。人々は、左内のこの行為を怪しんで、吝嗇《りんしょく》にして品位のない者として爪はじきをして憎んでいました。

左内の家に、長く奉公していた、馬の口取りの下男が、大判金一枚をこっそりと蓄えて持っていました。それを聞いて、左内はよび寄せます。下男はてっきり叱られると思って恐る恐る前に出ます。その時、左内は、

この乱世には勝れた剣を望むが、剣は数知れぬ敵には大功出来ない。しかし財貨の徳は天下の人をも従わせる事が出来るのだ。武士たる者は、決して粗雑に扱ってはならぬ。貧しくては義理をなすことも叶ひ難きものだ。お前は卑賤なる身分だが、分に過ぎた財貨を手に入れたのはすばらしい。褒美を取らせる。

と、十両の金を与えました。この話を聞いた世の人は、「左内はただ金子を溜める者ではない、珍しい畸人だ」と言ったといいます。

また、上田秋成の『雨月物語』の「貧福論」（巻之五）の中に、この岡左内の話が出ています。彼が寝ていた枕元に、「金貨の精霊」が現れて、一夜語り合う場面があるのです。その中に、

世間の悪口には富める者は必ずねじけているといいます。富める者の多くは愚人といいますが、孟子も言う通り、人は一定のきわまった生業がなければ安定した心はない、と申されます。「貧しくして、しかも楽しむ」という言葉がありまして、それが学者文人の惑いを興す端緒となっております、武の道に生きる勇士も、富貴が国の基であることを忘れ、怪しからぬ兵法や武芸にばかりふけっていては、物を破り、人を殺傷し、自分の徳をも失ってしまうのです。

という話があります。左内はこのような素晴らしい話を聞いて感心したといいます。富裕が善行を施すに

しても、根拠なく他人に恵み、相手が義に反していても、金を貸し与えるような人は、その善行にもかかわらず、金をなくしてしまうのだ。それは、金の用途だけを知って金の徳を知らず疎かに取り扱うからだ、とも言っております。

左内はただ金を溜めるだけでなく、その使い道にも気を配っていたのです。蒲生忠郷の死去の際には、金子三千両を献上しています。また、上杉景勝が石田三成に呼応して兵を挙げた時には、永楽銭一万貫を戦費として差し出しています。死ぬ間際には、朋輩たちには黄金を分かち与えています。そして、年頃、人に貸した金銀の手形証文が大きな箱にあったのをすべて焼き捨てたと言います。

彼は金銭を単に溜めるのが目的ではないことは「金貨の精霊」との会話の中にも感じられます。金の使い方や、死ぬに及んでの潔い金の処理の仕方は今の世にない美談だと言い伝えられているのです。

（ラジオ福島　平成23年2月放送）

2　加藤　嘉明

蒲生の後に会津の領主になったのが、加藤嘉明です。嘉明は、愛媛県の松山二十万石の領主だったのですが、寛永四年（一六二七）に会津に領地替えになったのです。

約二十五年間過ごした、暖かい松山から寒冷の地の会津に行くことは、四十万石という倍の石高をもらうにしても大変嫌がったそうです。ところが、会津に来てからは、彼の得意とする土木事業や産業の育成に力を注いでおります。

この当時まで、会津から江戸へ行くには、背炙山を越えて、湖南から白河へ出ていたのです。背炙りとは、朝、湊村から若松に行く時は太陽を背中に受け、帰りには西日を背中に浴びて登るので「背炙山」といったのです。

ここは標高が八百メートルほどあって、急な坂だったので、非常に難儀していたのです。そこで、加藤嘉明は、飯盛山の麓を通る滝沢峠越えの新道を開拓したのです。これ以後、江戸への街道はこの滝沢峠が本道として通るようになったのです。この峠に沿って国道四九号はバイパスが出来るまで利用していたのです。

このように、道路の整備や、街道の駅所の整備をはかり、金銀の鉱山開発などにも尽力した功績は大きいものがありました。さらに彼は、漆や蝋の栽培など、産業の育成にも尽くしました。

また、嘉明は、「火」に関する言葉を非常に嫌いました。背炙山の炙りの言葉を嫌い、冬坂峠と名を変えています。会津美里町から大内宿に行く途中に「火玉峠」という峠の字を、火の代わりに氷の字をつけています。そして、その麓の村の火玉村を福永村という縁起のよい名に変えさせています。若松では日野町を甲賀町に変えているのです。嘉明はよほど「火」という字を嫌っていたのですね。

加藤嘉明は、会津に来て、僅か四年で亡くなりましたが、このように会津における白河街道の峠越えや産業の育成、鉱山開発の基本的政策に力を尽くした業績は見るべきものがあったのです。

なお、加藤嘉明の長男が明成です。この明成ほど功罪半ばする人物はいなかったと思います。彼ほど波乱な人生を歩んだものはいなかったでしょう。

と、いいますのは、会津四十万石の領地を返上した領主として有名だからです。

（ラジオ福島　平成23年2月放送）

3　楢林　虎備

楢林《ならばやし》主殿《しゅでん》虎備《とらはる》は、戦国武士の血をひく武勇高い勇士である。徳川幕府も平穏な時代を迎え、武勇を誇る虎備にとって、世に処するに苦労する人物でもあった。

始め、立花飛騨守宗茂の家人として、天正十五年（一五八七）四月の岩酌の城攻めで大いにその武勇を発揮した。その折、高く聳《そび》える峯の頂にて組打をしてねじ伏せた。その剛勇さは敵も味方もあっけにとられた出来事だった。彼は自ら「悪魔下道左衛門」という物凄い名をつけた。

主君の宗茂は、そんな名はよくないと言ってたしなめた。ところが、忠告にも耳を傾けず、むしろ得意然として楽しんでいたという。

さらに、十三年後の、慶長五年（一六〇〇）九月の近江、大津城の戦いには、またもや、奇抜な行為で驚かす。殿の面前で、猿の木渡りのような軽業をして敵を叩きのめす。そこで、また「猿渡紀伊守」と名乗る。このように子供のような天真爛漫な武勇の振舞は、戦国の世ではもてはやされるが、次第に落ち着いた時代には変人と思われる。後、故あって浪々の身となる。

寛永二十年（一六四三）会津藩主保科正之に八十人扶持で召しかかえられ、旗頭になる。しかし、武勇を発揮することなく、名を楢林虎備と変えて髀肉の嘆をかこちながら、万治三年（一六六〇）八月二十四日に病死する。墓は、寺町（現千石町）の松井山専福寺にある。三角形をした自然石である。

さて、この虎備は殿が上京する折、自分こそは晴れの御供にと命令が下るに間違いないと、武具を買い求めたりして準備していた。ところが、意外にも旗頭の同役の車伝右衛門に命令が下った。

虎備は、がっかりして痩せ衰え「我を御用に立たない奴と思し召された、もはや生きる甲斐もない」と深く恨んでいた。正之公は、ほとほと困り果ててしまわれた。「お前を決してないがしろにしたわけではない。長い間会津を留守にするので、その間、心もとない。大事な留守居の適任と考え、お前を残すのだ」と仰せられた。

そのお言葉を聞き大いに喜び、「殿の留守中は命をかけて守りあげます。安心して上方へお出かけ下さい」と申し上げた。その帰り道、何の理由もなく、御使番の丸山次郎右衛門の所に寄って「晴れの御供のために刀を新調したが、用も無くなったので、貴公に贈りたい」と言う。

次郎右衛門は何のことかわからないが、激しやすく、奇癖のある虎備の気質を知っていたので、断ることも出来ず貰い受けた。虎備は上機嫌で帰ったという。

帰宅した彼は、早速屋敷の北西の大きな榎の上の枝を打ち払って、そこに床をかけて、飲食をしていた。そして、遠眼鏡で毎日郭内を見張って、不審なことがあると、大声を出して怒鳴っていた。

とにかく、けた外れの戦国武士だったので、己の役割を必要以上に熱中する、その行いに人々は、呆れ返っていた。京から帰った殿も彼の得々とした話を苦笑しながら聞いていたという。

さらに、彼の逸話として、法要の際の皮肉な言動で人を困らせた話も有名である。虎備の家の宗旨は何宗だかわからなかった。或る時、外戚の祖父の家が絶えたので、法会をしようと、一向宗の専福寺へ米銭、ロウソク等を納めて依頼したことがあった。

翌日、寺に参詣したところ、新しい位牌もなく、弥陀の仏前に飯を高盛にしてあるだけだった。不思議に思い寺僧に尋ねたところ、「私どもの宗門では位牌など用いず、弥陀一体ですべて済ませます。弥陀さえ奉れば弥陀より御はぶき（頒ツコト）成されます故、今日の仏へは別に遣わしませんでした」という話に、不承不承で帰ってきた。

それから数年たってから年忌があって、専福寺へ行き法要を行った。その時、二、三の寺の僧侶も呼んだ。座敷へは十人ばかり相伴に出た。その時、亭主の虎備は礼服で、専福寺の僧ばかりには、飯椀に飯を高盛でさし出した。

皆、是は如何なる事か、不思議に顔と顔とを見合わせていた。虎備にそのわけを聞いたところ、「我等、先年、貴寺へお斎《とき》をお頼み申す折、米銭、灯明ども遣わしたが、霊前には饗膳もなく弥陀ばかりで、仏器ひとつあげ置いた故、弥陀より今日の仏への御はぶき成し下され済ませたことを聞きましたので、貴僧へは飯一盃出せば残りの御寺並びに相伴に出られた方もあなたから御はぶきを成されるよう、そのように存じます」と答えたという。

このような皮肉な言動に、専福寺の僧を始め、一向宗の僧たちは、ほとほと困り果て、満座大笑いしたという。無骨で武勇な持主とは別に、茶目っ気な一面のある畸人、栖林主殿虎備であった。

4　池上　善兵衛

ここに登場してくる侍は、当時の武士としては規格はずれの人物である。しかし、当人は、己が他人と違った異色の人間だとは少しも思ってはいない。だから、その言動が面白いのだ。常人から見れば変人なのだが、本人は全然変人とは思っていないのだ。そんな一人に、池上善兵衛が居る。
「池上善兵衛は狂者の様なる人なりき」（『会津干城伝』）とある。確かに常人とは少し座標がズレているだけなのだ。或る時、彼は手の内の痛みで勤務に出なかった。常人ならば少しの痛みを我慢して勤めるが、彼はズル休みと思われる態度をとっていた。

そのうち、手の痛みがとれたので、隊長の田中嘉兵衛の所に行き、広間にて手を打つと、取次の者が出るや否や、善兵衛、袴の股立ちを取り、刀の柄に手を掛けて、刀を今抜くばかりの勢いだったので、広間番も驚き、今にも斬られる心地がしていた。暫くして「拙者、手に痛みあり、勤務せず仕りましたが、その方見られる通り、最早、刀も振れますので、治りました。今日より出勤致します。その旨お届申上げます」ということだった。

善兵衛は百石取りの侍だけれども、万事につけ常人と少しズレている所があったが、常に大勢の人が集まるのを悦び「武備を怠らないところ」を見せたがる人でもあった。

毎年、七月二十六日～二十八は諏訪宮の祭礼であるが、善兵衛の家はこの宮の近所だったので、家の玄関に張りぬき鎧を二領ずつ飾って、往来の立寄るのを慰めていた。庭の前には物見があって、奥方に田楽を焼かせて、本人は手拭を被って庶民の慰めにと気を配っていた。

善兵衛は外様（武官）で、夜の見廻りに足軽が来ると、わざわざ座敷に通して、酒を出し上下隔てなく気軽に付き合っていた。また、仲間に対しても、「銭は持っているか」と問い、持っていないというと、「銭を持たなければ不自由だ」と言って、青緡二百文を腰に着けさせ、酒食を振舞っていたという。

或る日、善兵衛が御番の時、御城に詰めていた。御広間前に、背中当ての荷杖があった。この時、杣人《そまびと》

（樵夫）がやってきて、御城の木を伐った時の事だった。この時、高給取りの藩士で、愚かなる者たちがいた。その仲間たちが彼を侮って、彼に背中当てを着させ、荷杖をつかせたところ、万座の者、皆馬鹿にして大笑いしてからかった。善兵衛は、背中当てを着けて荷杖をついて、「何某殿、只今、背中当てを着、荷杖をつかれしは甲冑を着し、刀剣を持ちしと同じ。皆人笑ひ給ふと雖も、我は恥中さず。一興する人こそ悲しけれ」と言った。すると、衆人、笑うのを止めて、バツが悪くなって、手持ち無沙汰となったという。

また、善兵衛は非常に親孝行な所があって、父が死に臨んで赤貝を食べたいと言ったので、中間をわざわざ江戸まで遣わして求めさせたが、届かないうちに病死してしまう。そこで、その赤貝をすぐに仏前に供えたという。

この善兵衛は当時の常識では考えられない奇妙な言動をとるので、変わった異質な変人と皆、馬鹿にしていたが、当の善兵衛は、どこ吹く風と飄々として、我が道を行く行動をとっていた。本人は、常識に欠けているとは少しも意識しない。そこに池上善兵衛の面目躍如の姿が盛られ、人情味ある畸人でもあった。

5　諏訪　喜知

お城に籠った女たちの仕事は、弾丸を作る事と、兵隊の食糧を作る事、そして、傷ついた兵隊を看護する事でした。籠城が始まった頃は、老兵と、女子供たちしか立て籠っておりませんでした。その女たちを指揮していたのは、家老の妻たちでした。

特に山川大蔵の母、唐衣と娘たちの活躍は見るべきものがありました。また、もう一人の家老、諏訪大四郎の妻、諏訪喜知《きち》（悦子）の活躍ぶりは、それほど世に知られておりませんが、この女性についてお話しましょう。

諏訪喜知は、家中の者と一度結婚しますが、姑との折り合いが悪く、離別しております。双方ともに個性が強かったからだったと言います。一方、諏訪大四郎は七人の子供を抱えて妻と死に別れ、後妻を求めておりました。大四郎は、この喜知のたくましい生活力と積極的な行動に目をつけ、どうしても後妻にと強く懇望して、ようやく承諾を得たといいます。

大四郎のめがね通り、喜知はたくましく、諏訪家のために尽くします。その結果、家運が次第に開け、夫、大四郎は禄高千七百石の重職にまで昇進します。

城下に敵軍が侵入して来た時、喜知は子供たちに五百両を腰に着けさせ、我が子や長男の妻子たちを山村に避難させます。そして、「お前たち婦女子や子供たちは、国に殉じなくてもよい。他日、この金でもって、諏訪家のため、子孫を絶やさないようにせよ。我は夫の後を追って、これから城に入り、城を枕に死ぬつもりだ」と言って、薙刀を携え、供の者一人を従えて追手門より堂々と入城します。

入城してから、西出丸に敵軍が押し寄せて来たので、婦女子十名ほどを引き連れて、城外に出て薙刀を振りかざして、敵を撃退しています。女鉄砲撃ちの山本八重と、この諏訪喜知とは、男勝りの活躍ぶりとしては有名でした。

ところが、もし敵につかまっては、会津藩は女にまで戦わせていると恥をかくと言って、その後は城外に出て戦うことは許しませんでした。このような喜知の姿勢は、会津藩士の女性としては変わった存在でした。幼い我が子に対しては「国に殉ずる必要はない」と言って、後日、諏訪家再興のため五百両を腰に提げさせて、避難させていることなどは、当時の会津藩の女たちとは異なった考えの持主として興味深いものがありました。

彼女は、戦闘員と非戦闘員とを分けて戦争に臨むべきだという考えでいたのです。このような考えを持った会津の女性がいたとは驚くべきことでした。

（ラジオ福島　平成27年7月放送）

6　永岡　久茂

戊辰戦争を体験した会津藩士たちは明治になって、どのように生きたかということは、ある程度知られておりますが、それは、多少の差はあっても「薩長に対する怨みを抱きながら生きていった」ということでしょう。

その生き方は大きく三つに分けられます。一つは「薩長の藩閥政府に敵意を持ち続け抵抗して生きた人々」二つ目は「新政府の誘いを受けずに我が道を進んだ人たち」三つ目は「新政府に入って、自己主張できる場で生きた人達」です。

薩長の藩閥政治に抵抗し続けたのは、なんといっても、思案橋事件の永岡久茂《ひさしげ》でしょう。彼は二百五十石の家に生まれます。藩校、日新館では稀に見る俊才でした。性格は非常に激しやすく、血の気の多い男だったのです。そして、口の重い会津人の中では大変、弁論に長じていました。幕末には幕府の学校である昌平黌に学びます。戊辰戦争では奥州列藩同盟を結成するため、活発に動きます。その最大の功績は、長岡藩の河井継之助を説得して味方につけたことでした。斗南藩では旧会津藩士たちが苦しい生活に追いやられたのは新政府の陰謀にありといって、薩長藩閥政治を憎悪する念が強かったのです。

そこで、青森県の田名部郡の郡長を辞して東京で塾を開きます。そして、評論新聞社を設立して、「新政府は王政復古に名を借りて幕府を倒し、政権を我がものにして、私利をむさぼり、民衆を苦しみに追いやっている」といって、言論による新政府攻撃を激しく繰り広げます。同じく新政府に不満を持っていた、長州の前原一誠、奥平謙輔たちと意気投合します。長州萩の城下で県庁を襲うという「萩の乱」と呼応して、永岡久茂は千葉県庁を襲撃するために、思案橋の下から舟を出そうとしたときに、警官と大格闘を演じましたが捕縛されて、獄死してしまうのです。世に「思案橋事件」といい、三十八歳のはかない一生を終えてしまったのです。彼の一途に思う戊辰の怨念は、決して妥協の許さない反骨精神として会津藩士の中でも際立った生き様を示したのです。

なお、あくまで反抗を持ち続けたのは、ほかに佐川官兵衛であり、伴百悦であったのですが、永岡久茂ほどの才たけて、気骨ある会津藩士はおりませんでした。

（ラジオ福島　平成22年5月放送）

7　山川　浩（大蔵）

明治の新政府に仕えて会津藩の汚名を雪《すす》ごうとした者の一人に、山川浩（大蔵）がおります。戊辰戦争を経験した会津藩士たちは「朝敵、逆賊の汚名を雪ぐにはどうすべきか」という思いが絶えず心の中で蠢《うごめ》いていたのです。

山川浩は、父山川尚江の家老職を二十二歳という若さで継ぎます。その時は、コチコチの尊皇攘夷主義者だったのですが、外国を見てくれれば、必ず将来役に立つだろうと思って、広沢安任たちが勧めました。果たして幕府の外国奉行についてヨーロッパの各地を回って帰ってきた後は、攘夷主義の愚かさに気づくのです。

戊辰戦争では、非常に戦略的にも優れ、数々の功績をあげております。籠城戦には絶対に欠かすことの出来ない人物でした。だから、彼の入城は城内の士気を大いに高めました。ところがこの時、彼は妻、オトセを亡くします。彼女は落下してきた砲弾を消そうとして失敗し、生命を落としてしまったのです。十九歳の若さで、悲惨極まりないことでした。

戦後、広沢安任らとともに新天地を求めて行きましたが、廃藩置県により、斗南藩が消滅してしまい上京します。ところが東京の生活も大変でした。着の身着のままの生活の上に、旧藩の家老職だった山川家を頼って、旧家臣たちが転がり込んでくるのです。母、唐衣たち山川家の女性たちは質屋通いで大忙しだったといいます。

明治六年（一八七三）に土佐の谷干城の強い薦めで陸軍に出仕します。新政府に対する士族の不満が日増しに強くなり、丁度、その内乱に備えている頃でした。彼の武勲が上がったのは西南戦争の時でした。西南戦争には彼だけでなく、薩長に怒りを燃やしていた多くの旧会津藩士たちが参加しています。藩士たちは「戊辰の復讐！　戊辰の復讐！」と叫びながら西郷の軍の中に切り込んでいったといいます。

この山川浩の活躍を苦々しく思っている者もいました。当時の陸軍は長州閥が幅を利かせていました。その親玉が山縣有朋だったのです。山縣有朋は今でも会津ではあまり人気のない人物ですが、新政府は浩をそれにふさわしい陸軍の地位に就かせようとします。しかし、山川浩を山縣は「山川は会津ではないか」

と言って賛成しませんでした。

会津戊辰戦争の後、会津人は文人の分野、とりわけ教育界では優れた人物を多く輩出しました。しかし、明治の初め頃には軍人や政治家ではそれほど地位あるポジションに就いた者はいません。賊軍の汚名を着せられたせいなのか、はたまた、軍や政治の世界では薩長土肥の派閥の中では当然、いくら能力があっても活躍できないことを自覚していたようです。だから誘いを受けても断り続け、新政府で積極的には参加しなかった例が多々ありました。

広沢安任などは、再三再四の要請にも固く断り続けます。このように野に下った気骨ある旧藩士の姿も多く見受けられました。反面、会津の有能な人物を何とか表舞台に引き上げようとした動きは幾つか見受けられました。このような軍閥の中で、山川浩は当時、会津藩出身者では、唯一の将軍となっています。また、有名な『京都守護職始末』にはこの山川浩が関わっておりますが、会津の朝敵論が不当である証拠として、孝明天皇のお手紙（御宸翰）の存在が紹介されているところから、明治政府にとって都合が悪いので、出版を差し止めています。

明治四十四年（一九一一）にようやくこの本が出版されますが、この本の完成を見ることなく、明治三十一年二月四日、肺結核のため亡くなります。享年五十四歳でした。

（ラジオ福島　平成22年5月放送）

8　木村　英俊

木村英俊に関しては、既に『木村英俊物語』と題して、齋藤藤壽が、木村英俊の三女・靖子の記述によってまとめた文章を、雑誌『福島春秋』再刊三号（歴史春秋社刊）に書いておられる。

さらに平成二十四年（二〇一二）二月十一日付の『福島民報』に、「遺品５００点余帰郷　函館市長など務めた木村英俊（若松出身）」との見出しで、紹介された。

心ある方々にはお分かりの事と思うが、一般的には知られていないので、ここにその一端を紹介したい。

木村英俊は、会津藩の御殿医だった木村宗順と会津婦人会生みの親と言われた貞子との長男として、明治五年（一八七二）九月十五日、若松、旧北小路町（現日新町一五－三〇）で生まれた。木村家は代々医者の家で、「木村様」と言われて親しまれていた。特に一子相伝の火傷薬は有名で、それらの秘薬は代々受け継がれていた。

母、貞子は旧馬場名子屋町（現中央一丁目）の、満福寺（真宗大谷派）十五世円遵の末っ子に生まれる。木村家に嫁いで四男五女をもうけた。英俊は向学心が強く、苦学しながら、旧制第一高等学校に入学し、

礼装した木村英俊

卒業後は、東京帝国大学の英法科に入学、明治三十三年（一九〇〇）七月に卒業し、その年、司法試験に合格する。

昭和三十年（一九五五）の秋、会津出身の学生たちと、武州高尾山に登って、その時の珍しい記念写真が残っている。大学卒業後は、神戸地方裁判所の検事として赴任している。後、宮内省事務官となる。

その頃、兵庫県武庫郡今津（現西宮市）の士族の娘、

芳江と結婚した。朝鮮、京城の昌宮宮殿で、朝鮮王朝の李王殿下に仕えた。その時、英俊は、殿下に誠心誠意を尽くし信頼が厚かった。

この地で大正三年（一九一四）一月二十六日、三女・靖子（宮本）が生まれている。三年間の任務を終えて、東京に戻り、大正四年から久邇宮家に仕える。当時、広大な敷地に百人ほどの職員が勤務していた。英俊は久邇宮家の様々な行事を有能な官吏として適切に処理していた。

大正八年（一九一九）、六月十日、皇太子裕仁親王と、久邇宮邦彦王の第一王女、良子《ながこ》女王との婚約が整った。しかしこの事が、その後《宮中某重大事件》として大きな事件に発展して行くのである。その経緯については、大野芳著『宮中某重大事件』（学研M文庫）に詳細は述べられている。これには昭和天皇の御成婚に秘められた様々な事件が描かれている。

良子女王の母君、俔子《ちかこ》様は元薩摩藩主、島津忠義公爵の七女であった。ところが、この婚約にクレームをつけたのが、長州閥の山縣有朋である。彼が暗躍して婚約辞退を迫ったというのである。この裏には、薩長の対立を含んでいて、国粋主義者などを巻き込み、宮中内部の大騒動になって行ったのである。大野芳は『宮中某重大事件』の中で、平野素邦氏が『人物往来』（昭和三十二年五月号）の「天皇家三代・血の秘密」を引用して、その一部分を紹介している。それを次にあげてみる。

ことの起こりは、学習院の嘱託医が学生たちの定期健康診断を行ったさい、偶然にも久邇宮家の若君二方が色弱であることを発見したこの医師は、メンデルの学説に興味を持っていたことから、その発因を系統立てて調べた結果、良子女王の母君の俔子妃殿下の里方にあたる島津家に色盲《ママ》の血統があり、俔子妃殿下にも伝わっているという結論を得たので、島津家の名を伏せたまま、医学雑誌に発表したのだった。これに目をつけた元老山縣公の主治医平井（注・政遵《まさかず》）博士が、論文執筆者にも事情をくわしく聞いた上で、山縣公に報告したので、……（以下略）

これによって、山縣は婚約辞退を申すべきであるといって、宮中の重大事件に発展していったのである。その時、木村英俊は良子女王の教育係事務官の仕事に携わっていたので、その渦中に巻き込まれていた。ようやく婚約に変更なしと決着したが、大正十年（一九二一）二月十日で、その時まで騒動が続いたのである。この事件で、関係者が辞任することになったが、貞明皇后から、「木村は辞めることはない、暫く休んでいなさい」とのお言葉を賜り、感涙を流したとのことである。その後、様々な委曲を経て騒がせたが、大正十年二月十一日の各新聞に、「良子女王殿下東宮妃内定の事に関し、世上様々なる噂あるも右御決定は何ら変更なし」との記事を掲載してようやく幕を閉じたのである。そして、英俊は、大正十一年には久邇宮殿下と共に台湾に赴任し、高雄州知事に就任している。

婚約が内定して結婚の準備が進められ、木村英俊のことについては、

良子女王は、学習院女学部中等科三年に在学しておられたが、すぐに退学して結婚の準備に入った。学業はとりあえず久邇宮家事務官法学博士、木村英俊が担当する。同年四月十三日、麹町一番地の古い自邸に学問所を設け、東京女高師の教授だった後閑菊野を教育主任に招聘して妃教育が始まった。

（『宮中某重大事件』）――文中傍線は筆者による

その時、大正七年から十一年にかけて、教育スケジュールの仕事をしていた英俊が案を立てていた。それは、次頁の表のようであった。これを見ると、英俊も、大正七年には国語・歴史・地理を教えていたことがわかる。その折、良子妃殿下がお書きになった、書道、日記、綴り方など、添削されたものなど払い下げられたものは、英俊の御遺族から、会津先人顕彰会に寄付されているので、拝見することが出来る。

関東大震災の時は、牛込に在った屋敷は崩壊し、その対応に当たったのは、夫人の芳江であった。その時、高雄州の知事として台湾に赴任していた夫、英俊の留守を預かっていた芳江は、屋敷内を開放して多くの避難民を救ったという。その時、芳江は四十三歳であった。この年、英俊の帰国後、夫妻は若松へ帰っている。

英俊の子供の長男・俊太郎は秀才の誉れ高く、非常に目をかけていた。東京府立一中から第一高等学校のエリートコースに進んだが、残念なことに昭和二年（一九二七）一月に十九歳の若さで病死してしまう。期待が大きかっただけに、英俊をはじめ家族みんなが悲嘆にくれた。

三女の靖子と二男・良二は、会津の学校を卒業している。靖子は昭和五年（一九三〇）に会津高等女学校を卒業（第二十一回卒）している。その時、靖子には卒業記念として久邇宮殿下の御手になる「天上無窮」の書を贈られている。また、二男・良二は、昭和十一年に会津中学校を卒業（第四十二回）、同級生に渡部政美、二瓶（船田）元喜の会津高校の元教諭が名を連ねている。良二は卒業後、神戸に在住して、川崎製鉄㈱営業部副部長の職についている。

昭和四年（一九二九）一月十八日、英俊はいろいろ屈折があったが、選考委員会から函館市長に推され、二月二日に第三代函館市長に就任した。時に五十六歳だった。『函館市史』には、英俊のことが、次のように述べられてある。

着任時その風格から期待されて迎えられた木村市長であったが、七月に入って函館高等水産学校設置問題で寄付金の手続きをめぐって専断と指摘された。函館高等水産学校設置には、寄付金を出すことが条件となっていたが、この寄付金出願を市会に諮らずに出願し、議決機関無視の非難を受けて市会を紛糾させたのである。

（通説編・第三巻第五編「大函館」その光と影）

このような事情で、木村英俊は七月三十日に「萎縮腎」の病気により辞表を提出し、八月七日の市会で辞任が承認されたのである。僅か七か月の短い期間であったが、就任前から市会の反対勢力との摩擦を含んでいたことから、やりにくいことが多々あったようである。

この後、会津に戻ってくるが、函館での事件が相当ショックだったらしい。しかし、その後も久邇宮家との交際は親密になされ、何か事があると英俊はいつも呼び

拝命年月日	學科目	七年度 毎週時間数	八年度 毎週時間数	九年度 毎週時間数	十年度 毎週時間数	摘要	姓名
自大正七年一月 至仝[illegible]年[illegible]月	修身	一	臨時	臨時		[illegible]監督	山田春三
自大正七年一月 至仝七年五月	國語、歴史、地理	六				[illegible]	木村英俊
大正七年四月十三日	修身、國語、家政	一〇	一〇	一〇	一〇	[illegible]	後閑菊野
仝　年五月十日	[illegible]	一	一	一	一	[illegible]	杉浦重剛
仝　日	漢文	二	二	三	三	[illegible]	竹田みち
仝　日	理科、數學	四	四	臨時	臨時	[illegible]	鈴木元美
仝　日	歴史、地理	四	四	二	二	仝	依田豊
仝　日	習字	一	一	一	一	仝	小野鐗之助
仝　日	体操	三	三	二	二	[illegible]	土取信
仝　日	佛語、ピヤノ	三					伊東清子
仝　二十一日	和歌	二	二	二		[illegible]	大口鯛二
久邇宮							
大正七年五月二十一日	琴	二回	二回				山木浪子
仝　十一日	繪画	一	一			[illegible]	三輪素子
仝　十一日	生花	臨時	臨時	臨時	臨時	[illegible]	田中俊子
仝　年十月八日	茶道	一回	一回	一回	一回		松浦益子
大正八年二月廿八日	佛語		五	五	五	[illegible]	兒玉錦平
仝　日	ピヤノ、唱歌		二	二	二	[illegible]	神戸絢子
大正九年四月一日	[illegible]画			二	二		髙取熊夫
仝　年五月一日	[illegible]、憲法			一	一	[illegible]	大島義脩
大正十年一月十一日	和歌、[illegible]記				三	[illegible]	坂正臣
以上							
御學友						[illegible] 明治[illegible]年[illegible]月生	平山信
仝　上						[illegible] 明治[illegible]年[illegible]月生	佐藤貞

昭和天皇皇后（良子様）の教育過程（伊藤正義記念館の会津先人顕正会所蔵）

出されていた。

昭和十五年（一九四〇）九月三十日、木村英俊は若松の自邸で亡くなった。享年六十九歳。葬儀は近所の菩提寺でもある、西連寺で挙行された。その時、昭和天皇をはじめ、教育係として携わった皇后陛下（良子妃殿下）、貞明大皇后のお方々から御供物が勅使、御使の手によって運ばれたが、その時、憲兵の厳重なる護衛付という物々しい警戒の下行われたと、当時の若松の人たちの噂になったほどだった。

齋藤藤壽の話では、木村家の屋敷は、北小路町の交差点の東南に当たる広い所で、道をはさんで、現在は西に石井米店、北に、キタアイダ酒屋がある。その北西に、齋藤藤壽家（現さいとう荒物商会）があって、齋藤は良二の五歳ほど先輩だったので、木村家の人々に可愛がられ、お屋敷によく招かれていたという。

戦後、特に英俊の奥さんの芳江に屋敷に入ることの許可を得て、子供の頃よく石榴の木にいるセミを採ったことがあるという。屋敷は古い家なので、昔の家屋の面影が残っていたが、陰気な雰囲気があって、良二は好きになれなかったので、売却してしまった。平成元年（一九八九）に木村英俊の五十回忌の法要が

武州高尾山登山記念の写真（明治30年秋）右から松平保男、山内治平、松平恒雄、松平容大、依田正三、新城新蔵（中央）、木村英俊、佐久間文吾の諸氏（伊藤正義記念館の会津先人顕正会所蔵）

西連寺で厳かに行われた。菩提寺の西連寺の南側に、「木村家之墓」が大きく建てられてある。

良二が亡くなり、木村家の後継ぎもいなくなってしまい、函館の三女・靖子も老齢になり、神戸の親族、岩本幸子（七十）が管理していた英俊の遺品をこのまま埋もれさせてしまうのも残念なので、故郷の若松に戻そうと思って、しかるべき所に遺品の保管を依頼したいと、齋藤に打診があった。

そこで、会津先人顕彰会の平出孝朗理事長（元福島県議会議長）に頼んで寄託することになった。平出家の敷地にある伊東正義記念館で遺品の贈呈が行われ、保管することになったのである。

遺品には、良子妃殿下（昭和天皇皇后）の書簡や和歌の色紙、日記などが保存されている。また、東本願寺法王、大谷光演の皇族への取次の依頼の書簡、加藤高明、寺内正毅からの礼状など、貴重な資料が所蔵されてある。


木村英俊が宮中事務官として、「宮中某重大事件」と言われた渦中にいた者として、表には出なかったが、その影で問題の処理に苦労した事情、そして、久邇宮家の女王の方々への養育、大正天皇の貞明皇后への信頼の厚さなど、宮家の実情を知るには、この木村英俊の生涯の一端を理解する必要があろうかと思われる。

その大切な遺品が会津に齎されたのである。会津人にとってそれほど知られていないが、その生涯の跡を辿ってみることも必要であろう。


（文中　敬称略）

〈『歴史春秋』80号〈平成26年刊〉所収〉

七、会津の願掛けめぐり

1　羽黒山湯上神社　元朝詣り

東山の羽黒山といえば、何といっても元朝暁詣りが有名だ。大晦日の「年越し蕎麦」を食べ、雪の積もった千二百五段の急な石段を大勢の参拝者が一歩一歩踏みしめながら上る。その光景はこの神社が最も華やぐひとときである。

そして、神に近づく霊妙な雰囲気も漂い、会津の元朝詣りの象徴とされていた。しかし現在は無理して千二百五段の石段を上って参詣する人の数も昔ほどではなくなった。

その昔、雪のあるこの急な上りは滑りやすく、見ず知らずの女性が男性の身体にすがりつく。そこから愛が育まれていったという。会津では、ここと北山薬師堂、下郷の小野観音堂の参詣が愛が結ばれる「愛の三大石段」とされていた。

この石段は今では総コンクリートでよく整備されている。これは、東山温泉「向滝」の平田トネ、ヨネの二人が、大正十二年の関東大震災の時《神社の用事》で一足早く帰宅したので、災難に遭わなかったその神恩に感謝して、昭和二年（一九二七）、当時の金額で一万四千円ほどの工費をかけて建設、寄付したものなのである。

市内の高校の体育部が格好のトレーニング場として、この石段を上り下りする高校生の姿もよく見られる。

羽黒山は、東山温泉街の北東にある標高六百四十二mの山で、ここに東北三大羽黒神社の一つ、羽黒山湯上《ゆがみ》神社が祀られている。この神社は、天平中、この峯に登って軍陀利《ぐんだり》、妙見《みょうけん》、正観音の三尊がその形を現し、行基菩薩が霊瑞《れいずい》を感じて三社権現をこの場に勧請し、羽黒山東光寺が草創されたのである。近くに「院内」という地名もあるが、この「寺の院内」から来たという。

そんなわけで、神の恵みのあらたかな神社で、歴代藩主の信仰も厚かった。その後、修験の道場として盛んになった。その昔、この羽黒山から、背炙山、一の渡戸、二幣地、大戸岳を経て金峯神社に至る回峯修行が行われていた。

本社は静寂な山頂だが、境内は狭い。山の下から吹き起こる冷風にしばし汗が拭われる。その時神々しい気配がにじみ出る。祭神は、倉稲魂命《うかのみたまのみこと》、玉依姫命《たまよりひめのみこと》である。農業の神、衣食住の神として一世一代の職業祈願は必ず達成するという御柄子《へら》を授ける。例大祭は九月二日、三日でこの時は白装束の山伏姿で本社まで登る姿が目につく。

社殿の東側の遊歩道を上って十分ほど行くと、この辺では珍しい雪椿の群生が見られる。五月には赤い花が咲き見事である。会津の者ならこの羽黒山の元朝詣りはぜひ行いたいものである。

（『会津嶺』370号〈平成22年1月刊〉所収）

2　日本三大文殊祭　―学問成就・技芸上達を祈る（会津美里町清龍寺文殊堂）

毎年二月二十五日は〈文殊祭〉で終日賑わう。ここは、日本三大文殊の一つと言われている。天橋立の

〈紙の文殊〉、大和桜井の〈硯墨の文殊〉と並んでここは〈筆の文殊〉と言われている。

そこで、堂内には、筆の文殊にふさわしい大きな筆が四本立て掛けてある。これは大正九年に高田の共栄会の入江榮伍以下十二名が奉納したものである。その他、書などが沢山掲げてある。

暦応二年（一三三九）円済法印が独鈷、三鈷、五鈷を投げたところ、光を放ったのでそこを土盛りして清龍寺を創設した。その時にこの文殊堂は建てられたといわれる。

本尊の文殊菩薩像は運慶の作であったという。高田村の出である天海大僧正の両親、舟木景光夫妻が「子を授かりたい」と熱心にこの文殊菩薩に祈願して、天海が生まれたという。今でも賢い子が生まれるようにと若いお嫁さんが祈っていく姿が見られる。

その後、この文殊菩薩像は、天海大僧正の因縁の像なので、彼の創建した東叡山寛永寺に移し、その代わりに管主の大明法親王の開眼された菩薩像を祀ることになったのである。

その時、寛永寺から贈られた、木造の台で漆塗りの常夜灯が一対（高さ百二十㎝）残っている。これには〈奥州会津高田護国山清龍寺　文殊菩薩寶前　銅常燈籠両基　文化九年壬申年三月〉と銘記されている。

文殊菩薩は、釈迦如来の脇侍で智恵を司る菩薩とされ、獅子に乗った像で知られている。その上、学問に優れた名僧天海に因んだ尊像として、この文殊堂には会津各地はもとより全国から参詣者を集めているのである。

最近は、丁度受験シーズンに当たり、智恵授けの霊験あらたかな尊像として合格祈願を願う児童生徒の真剣な姿が多く見られる。

この文殊堂は二度も火災に遭っている。現在のお堂は、大正七年に建てられたものである。この時、近郷近在の人達が心を込めて寄進したのである。柱一本はどこどこの村から、というようにこの再建には沢山の人々の尊い浄財が寄せられているのである。

山門の脇には、生身往生したという智鏡上人を称えた〈智鏡塚〉がある。その西隣には〈芭蕉翁袖塚〉碑がある。これは松尾芭蕉が奥の細道の旅に出た時、右の袖は筆のすさびには邪魔になると切り取って弟子に与えたものである。それを高田の俳人田中月歩が貰い受け、埋めたものと伝えられている。

境内の西には文殊菩薩に因んで〈智恵桜〉と呼んでいる樹齢二百年のベニヒガン桜が、季節になると匂うかのようなピンクの花を見事に咲かせている。

（『会津嶺』371号〈平成22年2月刊〉所収）

3　西方・西隆寺の「鬼子母神祭り」　――子授・安産・子育（三島町西隆寺）

三島町西方《にしかた》の西隆寺の裏山から人々の列が岩倉山を目指して登っていく。

尾根につけられた山道は険しく、急な坂道をギザギザと四十五回も折れ曲がって四十分ほど登っていく。子供や女性たちが目立って多い。やはり、子授・安産・子育ての守護神だけはある。

訶梨帝母《かりていも》（鬼子母神《きしぼじん》）はインドの人を喰う鬼女であったが、仏の説法を聞いて前非を悔い改め、女性と子供に対して畏れを抱かせないと誓ったという。それを日蓮宗では訶梨帝母を鬼子母神としてお祀りしたのである。

西方のそもそものいわれは、明治の初め、庄屋の山垣家で子供が重病に罹った時、夢の中に恐ろしい形相をした鬼子母神が現れ「我を信ずれば治る」といって消えた。そこで一心に祈祷したところ、ついに全

立正旭教会の二瓶光正氏の祈祷

快したという。それを感謝して岩倉山頂上の西隆寺の奥之院にお堂を建てて祀ったという。

お堂は三間四方で、中に会津の彫刻師大橋智信の彫った左手に吉祥果（ザクロ）を持った鬼子母神像が安置されている。手洗い場も設け、よく管理されている。

昔は旧暦四月八日を鬼子母神の記念祭と定めて供養してきたが、近来、「こどもの日」を中心に、五月の三日～五日に行うようになった。特に、西隆寺（現住職遠藤弘佳）の護持会の「会津西方鬼子母神奉賛会」が積極的に祭りを運営している。ここの護持会は大変熱心に奉仕活動をしている。特に戦前には各地の講中が出来て、参拝者が団体で来ていた。今も遠く関東地区などからも多く祈祷を受けに来る。また、ここでは一升の米で千個のダンゴを作り「千粒団子」といってお供えし、それを参詣者は一粒ずつ食べる。寺の前には西方集落の女性たちが楽しい出店を開いている。

丁度桜の花が咲き乱れている頃で、子供の頃に参詣し、成人になっても我が子を連れて山に登っていく姿がよく見られる。身体上の都合で山まで行けない人は、「奉納南無鬼子母神」と赤字の地に記した旗に、時と名前と願い事を書いて山に奉納してもらう。また、西隆寺でも、安産、子育ての祈祷をしてもらう人も多い。

山頂では、立正旭教会の担任の二瓶光正氏が祈祷を三日間行っている。二瓶さんの祖父の二瓶教正さんがここで二百日の断食修行をして修法師の資格をとり、熱心に祈祷を続けていた。「子を授けてもらい、安産で子を生み、子がすくすくと育つように」と願えば、鬼子母神は霊験あらたかな御利益を叶えてくれるという。五十六歳の女性が祈祷し続けた結果、子が授かったという奇天烈な話も伝わっている。四歳の子を連れた父が手を握って「この山道を登れば丈夫に育つんだよ」といって励まして登る微笑ましい姿も目につく。裏道に駐車場があって、登ってくれば半分の距離だが、やはりこの急峻な道を登ると、御利益が授かったような気がするのは不思議だ。

（『会津嶺』363号〈平成21年6月刊〉所収）

4　成岡の「疳呪《かんまじな》い」（坩《つぼ》立て）（下郷町大善院）

疳《かん》の虫は、糸條虫《しじょうむし》といい、消化器や皮下に浸入するもので、白い細い絹糸のような虫だという。まだ健康体に成りきっていない三歳までの子供は、よく神経性の病気、夜泣きや胃腸病等を引き起こす。その虫を体内から取り除くための祈祷である。

下郷町成岡の大善院では江戸中期頃から代々の法印によって、乳幼児のまだ健康が定まらない時期に「疳の虫がわく」といって、祈祷と呪《まじな》いをしてもらう習慣があった。

その呪いは、まず幼児の掌に墨汁で法字を書いてもらう。その法字は、理由はよくわからないが、渦巻状の線の上に、十一、虫、岩瀧、鬼鬼、さるの子、山山山山と書くのである。また、墨汁を用いず、指先だけで法字を書いて疳の虫を出すこともある。

さらに、上半身を裸にして腹の臍を中心に三ヵ所、背中には左右三ヵ所ずつ墨をつけてもらう。これを墨灸と呼んでいる。この箇所は五体構造の重要な所であり、ここを坩と呼び、そこから「坩立《つぼ》て」というようになった。

その後、幼児の掌を拳状にさせて、法印はそれを固く握り「リンビョウトウシャカイチンザイゼン」と早口で呪文言葉を唱える。その時、法印は、心に鬼という字を書きつつお呪いをするのである。

乳幼児は何をされるかわからないので、大声で泣くが、途中でやめると呪いの利益がなくなるので、完了するまでは決してやめない。最後に縦十五cm、横四cmの二種類の祈祷札（板）で頭から坩の要所を撫でさする。堂内は乳幼児の泣き騒ぐ声が響き渡る。とても元気な泣き声は人々に活力を与えるほどである。

成岡の大善院は応永二十三年（一四一六）に常慶坊が開山。本尊は像高六十九cmの不動明王である。以前は、旧暦四月八日の薬師如来の縁日に不動明王呪術祈願の「疳立て」を行っていたが、その頃は楢原の駅から行列が続くほどだった。祭日以外にも常時、祈祷を受ける人が会津の各地からやってきた。戦前から戦後にかけては最も盛んな時だった。

一時廃れたこともあったが、十数年前から、五月五日のこどもの日に、町でも後援して、「坩立て」祭りとして復活させている。毎年、丈夫に育つようにと、五十人から八十人ほどの乳幼児が受けにきているという。

この「坩立て」の祈祷は、会津では成岡でしか行っていない霊験あらたかな呪いである。ぜひ守りたい民間信仰の行事の一つである。


（『会津嶺』362号〈平成21年5月刊〉所収）

5　日本唯一御造酒地蔵尊

―金運、家運、家内安全、火防《ひぶせ》、酒の中庸、美酒の霊験あらたか（旧大町名子屋町五之町通り）

様である。

「御造酒《おみき》地蔵尊」という名はめずらしい。『江戸名所図会』に、江戸大塚町の普門山大慈寺の見耕庵の本尊としてその名が見えるくらいで、他にお目にかかれない。日本にたったひとつしかないと言われる地蔵様である。

地蔵尊は、縁起や霊験により、様々な名前がつけられ、その数、百種を数える。ここの地蔵尊にも、その名の通り酒に縁がある話が残っている。

安永の頃（一七七二～八一）、越後に徳蔵という杜氏がいて、酒を多く嗜み「お酒徳《みき》」という渾名《あだな》で呼ばれていたが、とても慈悲深く、信仰心の厚い男だった。

ある年、京からの帰途、堂宇が燃えているのを見て火中に入り、地蔵尊を助け出し、莫蓙《ござ》にくるみ背負って越後に帰った。数日後、夢の中で「我を背負って酒霊の地会津に行け」とお告げを受けて会津にやってきた。そこで、同じような夢を見たという娘と出会い、その家の婿に入った。

その話を聞いた土地の者たちはお堂を建てて徳蔵の渾名の「おみき」をつけて「御造酒地蔵」と名づけ信仰した。それは万延元年（一八六〇）のことだった。そこはちょうど大町通りと中央通りの間にある。今は廃寺になったが一桂院があった所で霊水が出ていたという。

この地蔵尊は立像で百六十㎝、檜材、寄木造で彩色され、なかなか立派な尊像で、室町期あたりの作ではないかと言われている。特に注目すべきは、右手に持っている「錫杖」である。杖は百五十七㎝あり、古式に属するものとして価値のあるものである。さらに、その錫杖の頭に宝瓶があって、酒との関連があるとすれば、まさに「御造酒地蔵尊」の名にふさわしいお地蔵様である。会津二十一地蔵の七番札所でもある。

後に、この地蔵尊は民間信仰と結びついて様々な現世御利益をもたらしてくれたという。金運、家運に恵まれ、家内・子供の安全の霊験あらたかで、古くから庶民の信仰を集めている。中でも、酒を飲むに中庸さを与え、酒による害よりも利益をもたらすといい、大酒飲みも信仰することによって、健全な飲み方に変わると言われている。

昭和五十一年、道路拡張により、取り壊されそうになったが、その時「会津の酒が世に知られるようになったのはこの御造酒地蔵尊のお蔭だ」とその保存運動が起こった。佐藤惣一郎、鈴木信雄、大島半兵衛、山本邦夫の諸氏らが働きかけ、立派な地蔵堂が建立されたのである。昭和五十三年には桂松院の住職による落慶法要が行われた。その時、大町地区の人々たちにより盆踊りや、稚児行列などの行事が華々しく行われた。残念ながら現在は主だった行事はないが、遠く関東の信者も時折やってくるともいう。世の上戸のためにお酒にまつわる利害を祈るにふさわしい珍しい地蔵尊である。

昔、ここに一本の桂の老樹があったので、一桂院と名付けられたという。ところが、最近この地蔵堂も残念ながら大町の現在地にはなく桂松院に移されている。

〈『会津嶺』365号〈平成21年8月刊〉所収〉

6　辻の地蔵尊　―子育て・身体健康・水子供養（喜多方市熊倉町新合字辻）

「辻の地蔵様」は子育ての地蔵として信仰厚く、蘆名の時代から多くの参詣者を集めていた。旧六月二十四日が縁日だったが、現在は八月二十四日になっている。その昔、辻村は旧米沢上街道の街道筋にあって、往来が頻繁で賑わっていた。辻の集落から雄国の方に緩やかな坂道を三百mほどのこんもりした木々の中を上っていくと、高台になっている境内に着く。

地蔵堂は南向きに立っている。三間半四面の大きな堂で、創建はいつだかは不明。本尊の地蔵尊は長さ五尺（約百五十cm）の坐像で、『新編会津風土記』によれば、慧心の作といわれ、一寸八分（五・五cm）の地蔵を体中に納めているという。

堂内には赤、青、白の幟旗が一杯に飾ってある。中央に「奉納、地蔵尊大菩薩」と大きく書かれ、右には生年月日、左には願主の幼児の名が書かれてある。この幟旗は、村の各家で子どもが生まれると地蔵尊に必ず奉納して子の無事を祈るのである。

辻村は明治の頃から十一戸である。昨年は七本もあがったが、今年は一本しかあがらなかったそうである。今は村人たちの手で地蔵尊の縁日を催している。毎年ここで生まれ育った人達が、この日には帰ってきてお参りをする。他所に嫁いだ女性たちも幼い子どもたちを連れて参詣している姿が目につく。

まず経をあげながら厳かに御開帳が行われ、その後、住職が子どもたちの頭に手を置いて一人ひとりに「健康に育つように」と祈祷する。住職は、塩川町の金川寺の浅野良道師である。終わると、盛り皿一杯に盛られた枝豆をご馳走になる。

境内の西側には、大きな地蔵尊の銅像が建ててある。「忠孝地蔵」という。千葉・習志野から帰郷して祈祷してもらった女性は「戦争前にこの前で遊んだことがあるわ、懐かしい」と感慨を込めて話していた。東にはやや離れた所に、「小地蔵堂」が祀られてある。ここにも水子供養、子育てとしてお参りする人も多い。

縁日には昔は参詣する人々で溢れていた。最近は昔ほどの賑わいはないが、信仰心の厚い人々がこの日だけはたくさん集まってくる。今では、辻村だけでお祭りを催している。派手に騒がしいよりもこのような素朴な地蔵尊祭りは意外にさわやかでいい。村の青年たちも心からのもてなしとして、やきとりなどの屋台を開いてくれているのもうれしい。世話役は当番制で務めている。

辻の地蔵様は、昔、参詣者が多く、相当の賽銭が奉納されていた。そこで、慶長年中に金沢村と賽銭の配分で争いとなったことがあるが、慶長七年（一六〇二）六月二十八日蒲生氏奉行の裁定で辻村のものとなったという経緯がある（『新編会津風土記』）。

昔も今も、伝統ある「子育て地蔵」の名の通り、子どもたちの成長を見守る昔懐かしい地蔵尊である。

（『会津嶺』367号〈平成21年10月刊〉所収）

7　愛宕神社の火伏の祈祷　（会津若松市東山町慶山）

東山町慶山にある愛宕《あたご》神社は、会津で一社、火伏の神である。

火伏の御神徳の尊い神は、会津の村々では近くの山の頂に祀る。それは火難のないように祈願するため、愛宕神を氏子全戸が眺められる高所に祀られているのである。

愛宕神社は会津の火伏の元締めのような存在である。したがって、愛宕神社も会津盆地の各地から望まれる東の山際にある。現在では特別な神事は行われていないが、鎮火祭の御祈祷が随時行われている。

縁起によると、門田、小田の里の谷地沼に三十mほどの大蛇がいて害を加えるので、天応元年（七八一）に玉泉という僧が沼の辺りに祠を営み、この大蛇を退治して、そこに愛宕権現を勧請したのが草創だという。

至徳元年（一三八四）、蘆名直盛が黒川に遷った時に愛宕権現も移され、本山派の修験、金蔵院が別当となり､その地を《愛宕町》と称するようになる。蒲生時代には愛宕神社の別当､金蔵院玄江の祈願によって戦いに勝ったところから三十石の院地を寄進されている。

上杉景勝の時、直江兼続がこの愛宕神社にしばしば参詣し、その関係から愛宕の「愛」の字が彼の兜の字となったとも言われている。寛永十年（一六三三）加藤明成の代になり、現在地に社殿を造営し、山名も「愛宕山」と改め今に至っている。

「伊勢へ七たび、熊野へ三たび、愛宕様には月参り」ということが言われている。ここ愛宕神社では、毎月二十三日、二十四日を月参りの日としている。この日には、祈願する多くの信者が二百七十五段の急な石段を上ってくる。

この石段は、大きくしかも幅が広く凸凹で不ぞろい、とても歩きにくい。それはお城の残石で作られたからだという。ここはもともと修験であったので、昔、野天で護摩を焚いていた。その煙が会津盆地一円の空を覆うほどだったという。

辰・巳・午の歳の守り神として月詣りを欠かさずやってくる人が多い。参詣する人たちはみな、「この急な石段を苦労しながら上ってくるから愛宕山が御利益を与えるのですよ」と息を切らしながら話す。祈祷を受ける辰年の男性は、火事の恐ろしさを感じて年末になると愛宕山にやってくるという。

祭神は、勿論「火産霊神」を主に、伊邪那美尊、月読命である。宮司の小高和男さんは、「火伏せの祈願を始め、商売繁盛、学問成就、身体健全のご祈祷はいつでも致します」とのことである。

「火伏せの神」として会津の総鎮守として昔から愛宕神社は会津の人々から厚い信仰を寄せられている。

（『会津嶺』369号〈平成21年12月刊〉所収）

8　会津ころり三観音

――寿命安楽・福寿円満・悲願の大往生を授ける

（恵隆寺・弘安寺・如法寺）

人間は誰でも寿命が決まっているという。だからその間、現世を楽しく暮らして、いよいよ寿命が無くなろうとするとき、《長病せず安らかに人生の終末を迎える》ということが我々の最大の悲願なのである。この願いを叶えてくれるのが〈ころり信仰〉である。ただ「ころり観音」と言われたのがいつ頃かは定かではない。全国的にもあまり聞いたことのない珍しい名の信仰である。

「会津ころり三観音」は会津の古刹である金塔山恵隆寺《えりゅうじ》（会津坂下町塔寺）、普門山弘安寺（会津美里町中田）、金剛山如法寺（西会津町野沢）の観音菩薩像を巡拝することによって、その御利益が授かるという。

特に、各観音堂内の「抱きつき柱」にすがって七日以内に成仏するように祈れば、家族の世話にならずに《ころり》とあの世に旅立つことが出来るといわれている。それを期待して、連日参拝者が絶えない。

◆立木観音（恵隆寺）は、子年の一代の守護本尊。二丈八尺（八・五ｍ）の我が国最大の木像の十一面千手観世音（国重文）である。開運厄除、病気平癒、家内安全、商売繁昌、交通安全などの御利益があり、特に、櫛、黒髪を奉納すると水死、苦死から逃れられるという。抱きつき柱は大正五年に本堂修理の時に上下から継いでとったものである。

◆中田観音（弘安寺）は銅造十一面観世音立像（国重文）である。〈日切抱きつき観音〉といい、悪事災難を除き、二世安楽にして病魔平癒し、寿命長寿が叶えられる。また、婦人良縁、安産の御利益もある。さらに開運祈祷し〈土守り〉を受けて肌身離さず持参すれば他所の土にならずに無事帰宅できるという。

◆鳥追観音（如法寺）は正観世音像（県重文）だが秘仏となっている。縁結び、子授、安産、子育、開運等の御利益を授ける。天平の頃、行基菩薩が鳥獣害に困っていた農夫に念持仏の正観音を授けたことから《鳥追観音》と呼ぶようになった。観音堂（県重文）は三方が出入口で東から入って礼拝し、西に出るようになっている。現世から来世に向かう世の中を示している。

三観音とも十一月には菊供養の行事が行われ参詣者で賑わう。恵隆寺は九、十日、弘安寺は一日～十日、如法寺は一日～十五日に開催。菊の花を持参しこれを護符として食すると身体健全等の御利益があるという。

（『会津嶺』368号〈平成21年11月刊〉所収）

八、会津の仏教文化

1　会津美里町の文化の足跡

八反道とは

会津盆地の西側の山際に沿って昔の古い道があったと言います。今でも、会津坂下町の塔寺から会津美里町の山際に沿って「八反道」と呼ばれている古道が所々に残っております。

この「八反道」というのは、古来から様々な伝説が伝えられております。故人になられましたが、会津坂下町の郷土史家の井関敬嗣さんの話によると、昔、塔寺八反と綽名された泥棒がいたと言います。この泥棒は物凄く足が速く、物品を盗むと、その日のうちに栃木まで行って金に換え、その日のうちに帰ってきたと言います。今でも八反道といって、会津坂下町の杉、舟窪、牛沢、大村、勝方の山麓に残っていると言います。

また、会津美里町には、雀林、八木沢にも、八反道と呼んでいる古道の一部が残っております。ここにも言い伝えがありますが、八反小僧という泥棒が八反の布を腰に結んでも、あまりの速さで走るので、布が宙に浮いて地面に着かなかったと言われております。

そんなわけで、どうも会津の古い文化の道は、盆地の西の山際にあったようです。盆地の北から南にかけて西の山際に古くから人々が住んでいたと言います。その関係からか、喜多方から会津坂下、会津美里を結ぶ線上に多くの文化財が残っているのです。これは文化が西の越後の国から移入されてきたことも意味します。現在、このルートには公共の交通機関がありませんので、地元の人以外には、普《あまね》く知られておりません。しかし、これからは会津の文化の道として注目されるルートになることと思います。

そんなわけで、会津盆地の東側には西側ほど文化財が残っていません。伊達政宗の襲来や、戊辰戦争、さらに廃仏毀釈などによって、焼き払われたり、壊されたりして残っていないこともありましょうが、その古さから見ても西側の方が古くから文化が伝承されていたとみてよいのでしょう。ただ勝常寺の仏像群が奇跡的に残っているのは僥倖と言えましょう。

会津の仏教伝来

さて、会津に仏教が伝わったのは、中国の梁の青巌という僧が欽明天皇の元年（五四〇）に会津坂下町の高寺山に庵を結んだという話が伝承されていますが、伝説の域を脱しません。ただその後百年ほど経って、舒明天皇の六年（六三四）に恵隆という僧がその跡を継いだと言います。さらに斉明天皇の四年（六五八）には蓮空上人という人が、伽藍を造営し、三十六の坊舎を治めていたと言います。ここら辺からは、おぼろげながらはっきりしてくるのです。しかし、まだまだ伝説の色濃い状況でありました。その寺を継承していったのが、会津坂下の通称、立木観音を祀ってある「恵隆寺」だと言います。したがって、ここが、会津の最も古いお寺を受け継いでいると言われております。

会津の文化発祥の地

会津の黎明は伊佐須美神社を拠点として開けていったと言います。神話時代の崇神天皇の御世に、大毘《おおひ》古命《このみこと》が高志国から、その子、建沼河別命《たけぬなかわわけのみこと》が東からやってきて、相津で行き合ったと、『古事記』に載っています。その出会いを記念して、伊奘諾尊、伊奘冉尊の二神を祀ったとされます。この四道将軍の進軍は恐らく、稲作の技術を伝えることにより、土地の人々と協力関係をつくっていったのではないかと言われております。

故《かれ》、大毘古命は、先の命《みこと》の随《まにま》に、高志国《こしのこく》に罷《まか》り行きき。爾《しか》くして、東の方より遣《つかは》さえし建沼河別とその父大毘古とは、共に相津《あひづ》に往き遇《あ》ひき。故、其地《そこ》は、相津と謂《い》ふぞ。是《ここ》を以《もち》て、各々遣《つかは》さえし国の政《まつりごと》を和《やは》し平《たひら》げて、覆奏《かへりことまを》しき。

（『古事記』中巻）

このように、伊佐須美神社にまつわる伝説はいろいろありますが、最初に出てくる「会津」の名からみて、会津の黎明を物語るところでもあります。

そこで、会津美里町は「会津の文化発祥の地」と銘打って宣伝しているのですが、文化行政はそれほど手厚く行われているとは言えません。どこの市町村でも財政難です。最初に削られるのは文化活動の予算です。「文化」では飯が食べられないと言います。観光資源としての文化財には目をつけるのですが、文化を守るとか文化を伝えるということには積極的ではありません。行政も政治も一時的には、派手なパフォーマンスはやりますが、長続きせず、地道な文化を守るとか、伝えるとかいうことは行いません。ＮＰＯの活動等で、細々とやっているという現状なのです。まず、地元の人たちに対してもっと関心を持って啓蒙していくことが肝要だと思います。

会津美里町の法用寺

さて、話は湿っぽくなりましたが、会津美里町のお寺に目を向けてみましょう。雀林にある「法用寺」は、寺伝によると、養老四年（七二〇）に摂津の得道上人がここに観音堂を建立して十一面観音を安置したと言います。これもはっきりした記録があるわけでもありませんが、現在地より二㎞ほど山の方に庵を結んだようです。そこで、得道に縁のある《稽文会《けいもんえ》》《稽主勲《けいしゅくん》》という仏師に十一面観音像を彫らせたと言います。ところが、大同二年（八〇七）の火災で仏像、堂舎をすべて失います。

その時、法用寺再建のため、恵日寺の徳一大師がやってきますが、当時疫病が流行して苦しむ者が多く、寺の再建より人命救助を優先して、美里町の仁王寺に薬師像を祀って平癒を祈ったと言います。その後、法用寺を再建したと言います。しかし、直ちに再建に乗り出しているところから、十一面観音信仰が盛んだったことがよくわかります。したがって、この法用寺は会津で二番目に古い寺と言うことができます。ただこれはあくまで伝承の域を脱しておりません。記録に残っているのは、磐梯町の恵日寺からということになります。

しかし、恵日寺が建立されるまで、会津の仏教における法用寺の役割は大きかったと思います。それは十一面観音信仰の拠点となっていたからです。十一面観音の利益は、十種の優れた現世利益と、四種類の来世の果報とが授けられると言って、その信仰が会津にも入ってくるのです。特に古代から中世にかけて、地方豪族の信仰が厚く、会津美里町にも十一面観音像を祀る寺が多くなったのでしょう。

特に法用寺にある県重文の「十一面観音板木」には十一面観音が刻まれております。これは会津の観音信仰を考える時には重要なものとなります。そして、当時を偲ぶにはふさわしいものなのです。

奈良の長谷寺式十一面観音の原像が失われている現在、この室町期の十一面観音の版木は古来の原型を留めるものとして貴重な版木だと言われております。

また、この版木の像の右側には「応永四年（一三九七）丁丑二月九日」の陽刻があります。この観音像の流れるような衣文の彫りは見事です。この版木によって摺られた紙が多く出回るようになり、時代を経て、多くの人々の手に渡ったのです。これこそ、法用寺が観音信仰の拠点だったことがよくわかります。

法用寺の仏像

観音堂に安置されている、他の仏像も見事です。観音堂は、最近県の重文に指定されましたが、だいぶ傷みが激しいようです。そこにある仏像の中でも目玉は「金剛力士立像」の二躯です。『新編会津風土記』にも、仁王門の「左右に力士像があり極めて古物と見ゆ各長さ七尺」とあります。阿・吽の二体が残っています。欅の一木彫成像で、背中に内刳りがあります。太造りで、特に腰周りは力強く威圧感がありますが、装飾の彫りは穏やかで控え目です。目は丸味をおびていて、全体の印象としては力が内に篭っていて、秘めたる心の充実を示しております。

日本で最古の法隆寺の仁王像から四百年ほどは、仁王像の作はないといわれてきましたが、この仁王像が平安時代後期、藤原時代のものとすれば、益々貴重な仏像として注目されていくことと思われます。

法用寺には、本尊の十一面観音立像が二体あります。しかし、秘仏となって、一般には公開されておりません。そこで、その写真を見て偲ぶしかありません。桂の木の一本彫成で地方の作ですが、平安後期の特色がよく出ていると言われております。もう一つは欅の一本彫成で、背中と腰以下には内刳りがあると言います。後世に粗悪な彩色が施されているのは残念だと言います。

また、ここには法用寺を開いたと言われる得道上人の坐像が残っております。中世になりますと、禅宗の高僧肖像彫刻が盛んになります。勝常寺の徳一大師の像もそのひとつです。この得道上人の像も、鎌倉時代末期に造られたものなのです。この像の特徴として、木像の原型に、肌の部分に麻布を巧みに張って、その上に黒漆を塗って仕上げております。会津の高僧肖像彫刻の中でも最も優れたものです。県指定の重要文化財になっております。

国宝、龍興寺の一字蓮台法華経

さて、会津美里町の文化財ですが、国宝、国、県の重文を全部合わせると三十件あります。会津若松市は七十一件と最も多いのですが、会津坂下町や湯川村と同様に、質量共に会津美里町は文化財の宝庫と言ってよいでしょう。中でも、喜多方（九）、湯川（八）、会津坂下（七）と並んで、彫刻の重文（七）が多いのです。会津では国が十五、県が三十六ありますが、この四市町村だけで、三十一のものが残っております。

会津美里町の旧高田町には天台宗の寺が多くあります。これは、高田で天台宗の再興を成し遂げた、天海大僧正がここに生まれ、龍興寺で得度したという〈いわれ〉から天台宗のお寺が多いと言われております。

この龍興寺にある、国宝の「一字蓮台法華経」は何と言っても素晴らしいものです。もと十巻あったのですが、残念ながら第六巻の部分だけが欠けております。しかし、その価値は決して落ちません。朱・金・青・緑・白にきれいに彩色された蓮台の上に、お経の文字が一つひとつ書かれているのです。

用紙は斐紙《ひし》という極上の紙を用いております。縦が二十九㎝、全長が九m九十㎝あります。行は銀で境界線を引いております。一行が十七字ずつ端正にしたためられております。総字数、六万九千三百八十四字です。一字ずつ祈りをこめて書く願経は命を捧げつくして写経を書いたのです。

『新編会津風土記』には、この「一字蓮台法華経」のことが不思議なことに記載されていません。このことが幸いにも、「逆に世間の好事家の餌食から守ったのではないか」と書の大家、帝塚山学院大学の故田中塊堂教授が述べております。

中田の観音様

次にいわゆる、「中田の観音様」として、新鶴の弘安寺の「銅造十一面観音立像」が有名です。もう皆さんご存知でしょうが、旧高田の佐布川集落の長者、江川常俊（善佛）には子供が授からなかったが、法用寺で祈念して、ようやく常姫という娘を授かったのです。ところが、十七歳の若さで亡くなります。そこで、江川夫妻は全財産を投げ打って、十一面観音と不動明王と地蔵菩薩の三尊の銅像を造り、常姫の供養をしようとしました。

そこで、完成した仏像を牛七頭で引かせて、法用寺に奉納しようとこの中田の地にやってきたところ、ここで牛が一歩も動かなくなってしまいました。激しく車を引くけれど、綱は切れ、車は壊れて、困ってしまい、仕方なくここに四面四間の観音堂を建てて、この観音像を安置し供養したと言います。時に文永十年（一二七三）でした。後の新鶴の中田（現会津美里町）の地頭、富塚盛勝がこの地に弘安寺を弘安二年（一二七九）に開いたと言います。

この弘安寺には、野口英世の母のシカさんが月参りにいつも四十㎞の道のりをものともせずやってきたことで有名な話です。大正四年九月十五日に、故郷に凱旋帰国した英世と母と恩師の小林栄先生とでお礼参りに来ています。その折の写真が堂内に飾られております。

また、この寺には、「土守り」というご利益があるそうです。観音様を造った時の土をお守り袋に入れて旅に出ると無事に家に帰れると言って持っていく人が多かったと言います。戦時中、この村の兵士が出征する時には観音様にお参りして、この砂を持っていったのですが、出征した兵士、四十八名全員が無事戻ってきたという奇蹟が起こったと言います。

なお、江川長者の住んでいた佐布川集落には観音寺という寺があります。ここには木造の十一面観音立像（県重文）が安置されております。これは檜の一本彫成の内刳りで、肌には黒漆箔の上に金箔が塗られていたが、今では剥がれている所が多いのです。玉眼の美しさ、天衣の柔らかさ、衣文などは実によく彫られています。中田の観音像の原型だと言われております。

次に、会津美里町には、国指定重文の鎌倉時代の建造物が四つ残っております。そのうち、冨岡の福生寺観音堂と新鶴の常福院田子薬師堂が有名です。この田子薬師堂は、建久八年（一一九七）に、この地方の豪族、田子十兵衛が建てたもので、応永六年（一三九九）に現在地に移転したと言われています。その外、法用寺には「本堂内厨子及び仏壇」があります。これは鎌倉時代の「正和三年（一三一四）四月二十八日沙弥《しゃみ》善仏」の銘の棟札が残っています。善仏は、江川長者のことです。会津最古の厨子で、禅宗風で、中央の手法が伺われる貴重なものです。仏壇は和様の壇の上下に禅宗様仏壇繰り形を加味したものです。厨子の中には十一面観音立像二体と火中仏とが祀られております。

もう一つ、中田の弘安寺の参道の右側に覆堂《さやどう》があります。その中には、国重文の「弁天堂」が納められています。これは元、本尊の十一面観音立像の厨子として用いられておりました。切妻造りの唐破風平入り（柱の上の組み物）で柱は円柱、扉は桟唐戸を吊っています。鎌倉時代の古い建築で、会津に現存しているものの中では大変珍しいものなのです。

また、会津で残っている唯一の三重塔が、法用寺にあります。これは江戸時代の安永九年（一七八〇）に再々建したもので、禅宗様の後期的手法と見られ、会津地方唯一残存のものとして県指定の重要文化財となっています。

法幢寺の阿弥陀如来立像のいわれ

その他の会津美里町の文化財として、法幢寺の「銅造阿弥陀如来及び両脇侍立像三躯」（国重文）があります。この仏像については面白いエピソードが伝えられております。この阿弥陀三尊が当時、国宝に指定されたのは、意外なところから話が始まったのです。

それは、昭和三年に文部省の調査員が伊佐須美神社に来たついでに、この法幢寺の大黒天が運慶の作と伝えられているので、この法幢寺を訪れたのです。ところが、この大黒天には全然興味を示さなかった調査員が帰ろうとして、本尊を拝んでいるうちに何か感ずるところがあって、この本尊を持って帰って中央で検査・調査してみたいということになったのです。

寺の関係者はそれほど期待しなかったのですが、翌年四月六日付けで「文部省告示、第一七九号甲種四等」で国宝（戦後、国重文）に指定されたのです。これは、鎌倉期の銅像で、善光寺式弥陀の中でも非常に優秀な作であるとして認められたのです。

三日町の村東のはずれに聖徳太子堂があります。ここに安置されてある「木造聖徳太子立像」（県重文）は魅力あるものです。像高は百二十五cmで、本体は前後の剥ぎ合わせで、髪は中央で左右に分けて、後ろに垂らして結ぶお下げ髪で、唇には朱を入れております。右手に蓮華を持ち、左手には経巻を持って、沓は花先形をした、太子七歳の経巻聖徳太子像なのです。この経巻太子像は、関東以北では二番目に古い、全国でも数例しかないという、貴重なものです。胎内には「正中三年（一三二六）丙寅二月二十七日」の墨書銘があります。関東以北では、埼玉県の天州寺の寛元五年（一二四七）の十六歳孝養太子像についで古いものなのです。会津の聖徳太子像のなかでも最もすぐれたものです。

（於　会津美里町文化講演会）

2　会津の三十三観音

平成二十八年（二〇一六）に「会津の三十三観音めぐり」が、日本遺産に認定されました。これは、従来の「会津三十三観音めぐり」とは異なると言います。それはのの字が入るか入らないかで、そのカテゴリーが変わると言うのです。

従来の「会津三十三観音めぐり」は、会津盆地内の狭義の範囲でしたが、この「の」が入ることによって、会津の各地に存在する「三十三観音めぐり」を総て包含することになるのです。そこで、全会津で組織されている「極上

会津三十三観音札所一番の大木の碑

の会津プロジェクト協議会」の運動によって、日本遺産の認定となったのです。

三十三観音は、寛永二十年に保科正之が会津に封ぜられた後に決められたと言います。しかし、その経緯についてははっきりしていません。最も有力な説は「西国観音めぐりなどに出かける者が多くなり、多額の金が流れるのを防ぐために僧侶等に図って定めた」と言います。それは、『家世實紀』享保元年二月四日の項に出ています。

御蔵入三十三観音

もう一つ、江戸期に決められたものとして、「御蔵入三十三観音」があります。これは元禄十一年（一六九八）に定められたと言います。その謂れでは、大きな和紙の一枚に「奥州会津郡御料三十三所巡礼之由緒」が残っています。これには「同郡和泉田村本願主仲山玄智外施主十六人」とあります。

しかし、ここには、幕領を意味する「御料」と言って「奥会津」や「南会津」という語は用いてはおりません。明治になってのことだと思います。だから、会津美里町の永井野・東尾岐・冑三組は御料であったが、奥会津ではないのです。（舟木正義『奥会津三十三所観音紀行』）

なお、この通称「会津めぐり」は、寛文五年（一六六五）の高田組郷村の『萬改帳』には既に会津三十三観音巡礼の札所とはっきり記されていることから、この時期にはすでに『会津三十三観音札所』が定まっていたと言えるでしょう。

猪苗代三十三観音

猪苗代町の三十三観音めぐりが、いつ頃から、どのような人たちによって決められたかは、今のところ詳細にはわかっておりません。しかし、そう古いものではないようです。それは、『猪苗代町史』などの各市町村史や『家世實紀』などにも勿論出てきません。恐らく、極めて新しい動きのように思われます。現在は熱心な人たちによって、猪苗代三十三観音めぐりが活発に行われているようです。

町廻り三十三観音

若松の城下の「三十三観音ハ元禄之末、宝永ノ頃、自在院一桂院ノ住持申合始タル也」（『会津鑑』二）とあり、享保二丁酉八月一日、自在院と一桂院の住職との発案からだと言い、籤引きでその順番を定めたと言います。一番は興徳寺で、三十三番は七日町の常光寺となっています。

その他の三十三観音

会津の各地には、三十三観音の石碑がまとめて建てられております。東山の羽黒神社の石段の傍らに、三十三観音の石像があります。また、熱塩の示現寺には裏山の護峰山までの道端に、愛宕三十三観音が置かれておりますが、訪れる人たちが稀なようです。さらに、三島町西方の西隆寺にも、白河の若い女石工の造った、乙女三十三観音の石仏が置かれております。

なお、会津の市町村史には三十三観音巡礼に関する事柄については、詳しく触れられてないのは残念です。そんな中でも、『湯川村史二』には、滝沢洋之氏が、口伝による記録などを主に二ページにわたって記録しているのは参考になります。

巡礼に関するものとしては、喜多方史談会から昭和三十三年に出た『会津三十三霊所御詠歌』には解説が掲載されております。奥会津関係では、舟木正義氏の『奥会津三十三所観音紀行』が参考になります。

江戸時代の「会津三十三観音巡礼」についての古い資料として、『会津三十三観音巡礼』と題して、二つの文書があります。一つは会津美里町八木沢の国分家にあるもの。もう一つは、会津若松市町北町中ノ明の密蔵院のものとが残っています。今のところ、筆者の管見によれば、この二つは、ほとんど九十％同じ内容・叙述なのです。

したがって、考えられることは、同じ文書が書かれてからの写しのように思われます。他に類書が出てこないので、何とも言えませんが、同じものから写し取ったものとしか言えません。つまり、これは当時の三十三観音巡礼記のガイドブックみたいなものであったと思われます。もし、この原本が見つかればいいのですが、この事に関する何か資料があれば御一報いただければ幸甚です。

そこで、参考として、その書の国分氏による巡礼記のうち、会津美里町の部分だけ、次に紹介しておきます。なお、解読は、会津高田郷土史研究会で行ったものです。

『会津三十三観音巡礼』（抜粋）

左下無頭観音　天長七年庚戌四月十四日弘法大師の造立、宝永四まで八百七拾八年其後百五年を経て延長二年甲申三月十三日越の浮州にて罪を懐くもの奔りて此龕《がん》内に隠れけるに追来て是を截《き》り、首を携て越に帰り見るに観音のみくびなり。崇めて彼地に安置し有頭観音といひ、郡を頸城《くびき》といふ。それより左下を無頭観音と称し奉るとかや。延文三年八月、冨田祐義、麓に観音禅寺を建て夫より実相寺に属す。委しくは伝記に見えたり。并銅版に彫付、今猶存す。御堂の下より険阻を傳ひて草の根をより漸く平地に出、堤の水際を過て相川村に着。

相川十一面観音菩薩　いつの代、いづれの人の開基と云事貞かならず、惜哉。唯相川観音と名に流れたる斗なり。里俗をして開帳せしに最殊勝に権化の刀彫にいまぞからむ。やんことなく拝れ給ふ幾星霜をか、経給ひけん。佛躰御長四尺餘の立像の外、検しさせ給ふ。あはれ心有る人、再興もやとつぶやき坂を下りけるに、御手洗にしらぬ翁の顔見へ侍る。尊顔に明鏡を掩ひ御目は少年、今は白頭と許渾《きょうん》がいひし、いとむべなり。

汲顔に近付かへす清水かな

大八郷村高倉観音堂　傳に云。天長年中弘法大師草創の地といへり。山は四面園城にして如意宝珠の形相や世俗圓山といひ、又稲葺山《いなぶきやま》といふ。昔は山の頂に立せ給ひ麓の仁王門に並びて寺あり。高倉寺と云申比、千代稲水と云者再興し、後代修復の料を計りて砂金朱漆埋し置けるとや。隠顕時あらん。御堂幾度か替り其跡今に有けるとや、院宇いづれの時に破壊し御堂も又六十餘年前に今の地へ移しけるとなん。尊躰は聖観自在菩薩祈りて□をすと云事なく如意圓萬の霊佛にてましますとかや、日も高ふ侍れども知人して大八郷に泊る。

廿二日旅店を立ちて福永邑藤巻大明神へ詣侍る。四十年斗前までは宝塔の餘岐のみ有しに、今は其かたもなし。此村昔は火玉と云。前太守加藤嘉明公、文字を忌給ひ、寛永年中、福永となんあらためも給ふ。関山、八重松、螺岡もとは火玉に属しけるとや。

関山観音　開闢の伝記不詳。寺号さへ知る人なし。別當屋敷の跡のみ存す。もと来し道へ帰り杉の一木のもとより山際を通り医王山鳳来密寺へ詣ぬ。本尊薬師如来は弘法大師の妙力、會津五佛の随一火玉堂寺是也。昔は山迄に堂あり。其跡今に残りて有けるとなん。慶長十六年辛亥八月廿一日の大地震に御堂倒れけるを今の地へ移奉るとや。此時柳津新宮も崩れ、山崎も湖水に成けるとや。

領家邑観音堂　常楽寺と云。建長元年己酉、釋常延開基。宝永四迄四百五拾九年、延は濃州の産なりと云り。鰐口あり、銘に大永三年癸未二月十五日と侍る。其外、弥陀十王等の古佛あり。永禄の比迄は三拾貫の税を納めしとかや。何の時か没収せられ楽書きて悲の来る世のならひいと侘し。

冨岡日用山福昌寺　十一面観音座像の大仏無比の権化也。頂上佛は美濃の谷汲より來現し給ふとや、かかる御佛に値遍の縁を結びまいらす事、おもへばいと有難き事になん侍るも、はるばるしき住僧もなく少しも増される寺あれバ春秋に古暦の縁起宝庫の什物うせ侍るとなむ。いたましき事なりと友々打頷《うなづ》く。里々をすぎ行く程に高橋を渡りて向ふに舟岡となん申すを聞て、

餘□白し船岡山の八合帆

此所尾岐一郷の鎮守稲荷明神の社地にて侍る。されバ使令の白狐尾の二股に侍れば所の名にせるとや。並牛伏山仁王寺教寺に詣ぬ。大同年中徳一師の草創。自ら瑠璃光如来十二神将を彫刻して安置し給ふ。無二の霊場也。寺前を牛の原といふ。謂れある石有。是より名に應大岩が嶽、杖に捉《すが》りて同行の手を取り、腰を押へ楽にこすを助られて一歩に憩ひては行く。漸く坂の半ばに至りぬ。されば近き比及ぶも四十餘里《よそぢ》の我が友おもはずも死出の枝折に分入られしとかし財宝もよくなし妻子とても□ハず、黄泉中多の旅の空、唯独越らんとおもへば衰えいはんかたなし。皆我とハ六拾《むそぢ》に餘り、古稀の齢ありてしかも偕老の夫婦伴ひ、今此坂を越侍る事の幸哉。常々命なりけりと今日の無事を喜びいさせ給へ、登れや登れと御手洗のもとにつきぬ。

大岩秘仏の観音錫杖山法林寺　往昔より佛躰を移して別當に住する僧だにも拝み来る事なしといへり。今は住持の院宇さへ□事唯御堂のみなり帰る。さは膝頭がくつき、漸く七坂を下り小山に休らひ、仁王村に舍《やど》る。明れば廿三日日旅デンを立、樋の口より松岸村へかかり、手児明神へ社参し奉る。抑此の神は明神嶽に鎮座御坐しを欽明の朝に此の地へ勧請し奉ると也。伊佐須美神は伊弉冉にてまし〳〵手児ハ素戔鳴尊にてみまそかるよし、記録に委く傳る。是より永井野村。

高田山天王教寺　観音菩薩は三十三年に一度開帳して諸人拝まれ給ふ。是によって佛龕《ぶつがん》の秘封を輙物事なし。名におふ陸《みち》の奥《おく》のほそ道轟きの橋うち渡り、伊佐須美神社に参りて拝しぬ。されば此御神は延喜式に載《のす》る所、奥州二之宮となん申し侍る。欽明天皇壬申年高田村の坤□明神が嶽より勧請下し奉るとや。神主宮司三拾六人三百貫の社領高田長尾の両村より是を納めしとかや。村の法幢寺の住、智鏡上人上洛し旧例を達、天聴天文二拾年十二月十四日再び正一位伊佐須美大明神の勅額を賜。筆者大納言卿いとやんごとなき神社にていまそかりける。並て文珠堂有華鯨の銘に伊佐須美大明神御本地文珠堂鐘、大檀那平盛高本願別當圓須法印、同智鏡上人、檀越渋川源左衛門、永正十四丁丑四月十九日と侍る。畧宝永四まで二百七年也。仁王門の前に智鏡の霊場あり。三十年斗近く□宝塔の四柱残りてありしが、惜哉臨るだになし。是より雀林へ順路なり。

雷電山法用教寺　十一面観音菩薩は人皇四十五代聖武皇帝養老四年庚申徳道上人草創。綸言に休て稽文會、稽首勲尊像を彫雕す。供養の道に師菩提僧正開眼の導師行基菩薩也。大同年中徳溢師、是を再興、本堂に御観音三十三身の像なれば、是運慶が作る所也。開基より宝永四迄九百八拾八年縁起一軸に詳也。御堂の前に櫻有。緑蔭茂りて幾年月をか経ぬらんを木の春毎に折を忘れず咲花の色香も□や昔いかなる人が虎の尾と名付たるは名におふ一木の誉れならずや時ならねど、

虎の尾のかげに飛び引く櫻哉

林の中より北へ出山際を返り堤を左にして中田村に着。

根岸中田　金銅観音菩薩御長六尺弐分、同不動・地蔵の両尊、文永十一年甲戌八月八日開眼、宝永四迄四百三拾年、昔、佐布川村の長者常俊と云もの寵愛の一女に別れ追福のため造営せしとなり。御堂の荘厳もいみじく、七堂に及ぶといへり。末代再興の領にあて井田百畝、幷山林を寄せしとなり。常俊一子を失む

此事発起し侍る。静におもへば悪といふも吉也。逢縁も菩薩□縁ならずや。開基より五年後、弘安二年己卯寺を建、普門山弘安寺と名付けるとなん、寺の縁起に詳なり。近年御堂破壊に及しを現住再興、境内の斎簾一点の塵なく目を拭兼ねたり。花実兼ね備へていと頼もしき。住侶にて侍る。是より田沢越に柳津へ参りて塔寺へ出、帰らんと謂けれども皆草臥、是にて又こそ参らめとて村を出れば、日も斜めにて西の山潟のより腰もとへさし入れけれバ頼む誓のあらた笠に被り漸く下り暮。宿へ行き泊まりぬ。

3　会津高田における天海

幼少年時代の天海

最初に高田における「天海」を、その伝承（言い伝え）を基にして話をしてみたいと思います。高田における天海の様子ははっきりとは伝えられておりません。よく言われていることですが、

天海が存命中に俗事のことを尋ねたところ「氏姓のことも生まれの事も一切のことを忘れてわからない」といい、「一度仏門にはいったならば、俗事のことを知っていてもそれはくだらない無用なことだ」と言って、答えなかった

と言います。また、偉くなった高僧の場合は、崇拝するあまり逸話を作って美化しようとするのはよくあることです。したがって、天海の幼少年期のことは、伝承で探るしかないのです。

その伝承については、地元の高田では次の六つの話が伝わっております。

1　大師生誕の由来に関する話

2　肉食を嫌って吐き出してしまう話
3　鯉の味噌汁を飲んだ母のお乳を嫌がった話
4　夜泣きの声がお経のように聞こえた話
5　浮身観音の発見についての話
6　僧、残夢に会ってクコを食べて長生きした話

これらのうち、1と2の話は『東叡開山慈眼大師傳記』（東源禅師。慶安三年―一六五〇、没後七年）や『武州東叡開山慈眼大師伝』（謙泰。萬治二年―一六五九、没後十五年後）『東叡山開山慈眼大師縁起』（胤海。延宝八年―一六八〇、没後三十五年後）には出ています。しかし、その他の話は載せていません。

このうち「大師生誕の由来」は高僧伝説に必ず出てくる「誕生の由来」です。伊佐須美神社の文珠堂にお籠りして生まれたと、場所まで書かれているのは珍しいことです。

『東叡山開山慈眼大師傳記』では次のように述べております。

椿萱《ちんけん》（父母ノコト）久しく嗣なきを以て嘆息をなす。此れ故、夫人深く大願を企て儲子《ちょし》（跡継ノ子）月天子に乞ひ奉る。其の容儀、柔弱人の為す所にあらず。下旬の第三日に至り、井華《せいか》（朝一番に汲んだ井戸水）を新器に汲んで桑楡《そうゆ》（日ノ暮方）影没すれば、其の水器を戴き、亭々として独り立ち、正しく至善を止めるのみ。身心既に定むるに、器水動かず月の嵎夷《ぐうい》（太陽ノ出てクル東ノ山）に上るを待ち得、玉影を頂上の誓水に移し、更に冷水を百倍を加えて以て身体を澡浴《そうよく》（洗ウ）し欽（慎ミ敬ウ）し明衣を著て叮嚀に祝願し、其意に曰く、月天子に本地大勢に至るを帰命、衆生を度るを為す。

故に普く四天下をてらし、伏して望む、妾をして福徳智恵の男子を生ましむるを、特だ敬を尽くして仰拝む。信心休まず、歳月を累ね、或る夜夢に奇華一片を呑み、仍て懐孕《かいよう》（ハラムコト）有り。嘗て困難を歴ず、時に至りて誕せるのみ。一家胥説《しょせつ》して称賀す。鞠育し時を経て殆ど滋味の己に及ぶを知る。然りと雖も孔、肉味の哺を嫌ひ強いて進めば則ち吐き却て了ふ。自然に出塵の相有り。此の故に隻親感心を起こして、汚せず。

このような生誕説は、ほとんどの慈眼大師伝には出ておりますが、それが、地元の高田の村の伝承であるかどうかは、わかりません。

高田組の郷頭、田中重好が寛永寺に提出した「慈眼大師誕辰考」には、高田に伝わる伝承には批判的な考えを述べています。特に、文中に注記している所にはそれが目立ちます。

此記船木氏ノ系譜ト異ナリ、委シク閲ルニ、享禄天文ノ年号、墨色本署ト異ニシテ、書モ亦不同、削リ落テ書キタルモノト見ユルハ、上野ノ傳記ニ年代ヲ合セシ為、後ニ偽作セシ者歟

と注記してあります。特に高田に伝承されている舟木氏の資料には注記でもって述べているところがあります。したがって、この生誕説は、逆移入説とも言われています。また、２の「肉食を嫌って吐き出してしまう」という話は、仏教関係によくある話なので、生前に既に伝承されていたと思われます。

ところが、天海の高田でのいきさつについては、その伝承に批判的な叙述が多いのです。そして、「言

い訳じみた表現」があちこちに散見されます。それは、重好が伝承に頼ることへの危うさがにじみ出ているように思えます。

3と4のことについては、伝記類の資料には載せてありませんので、恐らくは、高田の村に伝承されていたものと思われます。5の「浮身観音」については、龍興寺にその縁起が伝わっており、その伝承の源は、高田の村に伝わっていたものと思われます。

4の「夜泣き」については、中央よりのものではなく、高田に伝わった話であると思われます。

高田村は御生誕の地なので、寛永寺の方では、天保十年（一八三九）十月は「慈眼大師死後二百年」に当たります。その時、寛永寺の方でも大法会が行われるので、詳細な報告を依頼しています。そこで、当時、高田の郷頭であった、田中太郎左衛門重好が書上げ文書を送っています。その経緯がこの書上げ文書の「慈眼大師誕辰考」の終わりの部分に書かれております。それ（口語訳）をみますと、

> 天保己亥（十年）十月二十五日の午後に、龍興寺五十一世の主、甚雄が慌てて令書を持ってきて「慈眼大師二百回忌」に当たり大法会が行われ、大師の年譜を選ぶので、大師に縁のある所にはその詳細を上書すべき旨を、役寺から早急に命ぜられた。拙僧は此の寺を継いで日が浅いので貴君に作ってもらいたい、ということだった。そこで、二、三日かけて書き上げて提出したという事だった

とあります。田中重好は、龍興寺の檀家であったので、寺の縁起などもいろいろ調べたと思いますが、詳しいことは残っておりません。それは、高田村も度々火災に見舞われておりますので、龍興寺の古い縁起も焼失してしまって、はっきりしたことがわからなかったようです。ただ、彼の書いた「高田徴《ちょう》古《こ》録《ろく》」や「桜《さくら》農《の》栞《しおり》村中の巻」などには天海のことや船木家の系図なども記載されております。

したがって、天海の高田村での様子については、村人の伝承によって、細々と言い伝えられた逸話が残っていることを、筆まめの田中重好が克明に記録していたようです。

天海没後の状況

慈眼大師と高田との関係については、五つほどの節目がございます。

一、「天海没後、七年に臨済宗の東源が書いた東叡開山慈眼大師傳」という伝記を書いていること

二、元禄十一年の大師没後五十五年に寛永寺から文殊菩薩像の遷座の依頼があったこと

三、天保十三年に、慈眼大師没後二百年忌を迎えて、年譜作成のために、その三年前の天保十年に、高田の龍興寺に大師生誕に関する書上げ文書の送付の依頼を受けていること

四、大正五年に、まず、寛永寺から「慈眼大師全集上下」が出されたこと。それと同じ年に、歴史小説家である、須藤光暉が「大僧正天海」を刊行していること。さらに、仏教史の研究で著名な、辻善之助博士が九月二十日に高田を訪れていること

五、大正十三年に寛永寺の二十一世大照円朗に依頼して「慈眼大師御生誕地」という書を送ってもらって、それを高田町では石碑に彫り、建立していること

その他、戦後になって、寛永寺や日光の輪王寺などの関係者が大勢、生誕の地、会津高田町を訪問しております。さらに川越と会津高田のライオンズクラブの交流もあります。

このように、慈眼大師の没後になって、天海誕生の地としての会津高田町が注目されることになって現在に至っております。

天海の両親には、長く子供が授からなかったので、伊佐須美神社の奥之院の文珠堂にお籠りし、沐浴したりして三年間、一心に祈願します。ある夜、夢の中で、妙なる音楽が流れる中、花びらが飛んできて、その一片が母の口に舞い込みます。それを飲んだ結果、九か月後に玉のような男の子が、正月の元旦に産まれたと言います。正月元旦の生まれとしたいがために、一か月早く生まれたことにしているのでしょう。

なお、この資料の最初に「椿萱」という文字――椿と萱の字があります。これは父母のことを言うのですが、天海の父親の法号が、椿萱院殿という院号になっています。昔は、亡くなった後は、諱《いみな》といって、本名を言わないで、法名で呼びます。このように生誕に関する伝説の内容はだいたいこの資料と同じように伝わっています。

天海ゆかりの青龍寺の文殊菩薩像の寛永寺への遷座に関しては『家世實紀』や『徴古録』などに書かれております。この時、藩士二人のほか、徒目付に足軽八名で道中警護して行くことになったのです。このように上野への遷座は非常に厳重なものだったようです。寛永寺の方では、「道中異事無く入念に目立たざる」ようにと言って、あまり大げさにしないようにしてほしいとのことでした。

そうは言いますけれども、会津藩では、藩の重役や吟味役を出して、慎重に取り扱っています。まず、六月七日の夜、文珠菩薩像の荷造りをします。加持祈祷して、文珠菩薩像を木綿や絹の布で包み、箱に納めています。その上、隙間には綿を詰めて、箱を油紙で包み、道中用心のため、さらに莫蓙で箱を囲んでおります。このように厳重に梱包したのですが、問題が二つ起こります。

それは、この像は運慶作と言いますが、実はそうではなかったのです。像の膝下の書付には、台の獅子は運慶作だが、本尊は運慶作ではなく、その後の作で、仏師の祐弁と書いてありました。もし、運慶作と思って法親王が遷座しようとしたが、実はそうでなかったと後にクレームがついては、不都合だとして、会津からわざわざ江戸表へ飛脚で知らせます。藩では一応その旨を上野に報告します。

もう一つの問題は、仏像の指が折れていたことです。指が破損していることを前もって報告しておかないと輸送の途中で破損したのではないか、と疑われるので、このこともあらかじめ知らせます。上野の寛永寺の方では、慈眼大師の縁のある文珠像なのだから、それでも快く了解してくれています。

この縁ある文珠像の代わりとして、寛永寺では、法親王の開眼したという定朝作の文珠像を贈られております。ところが、この尊像も天明三年（一七八三）の高田の火災で焼けてしまいます。そこで、再びその代わりの文珠像が贈られています。

次に、天保十三年には、天海没後、二百年忌を迎えますが、その時、前述したように年譜作成のため、寛永寺から依頼書が、高田の龍興寺に届きます。田中重好の書き上げた『慈眼大師誕辰考』のあとがきにその時の「いきさつ」が書いてあります。

ここでは要点のみをお話しますと、天保十年十月二十五日に、龍興寺の五十一世住職の、甚雄が郷頭の田中重好の所にあわててやってきて、「役寺から今、命令があって、慈眼大師誕生の書上書を二、三日中に提出してくれとのことだが、私は住職になって日が浅く、詳細については、よくわからないので、代わりに書き上げてもらいたい」とのことでした。

ところが、重好は、断わりはしましたが、やむを得ず、思うところを書くから、あなたもわかっているところを付け加えて、それをもとにまとめたらどうかと言って、その草稿を翌日出したということが書かれています。

ところが、ここに、田中重好が書いた日記メモ(『重好日記』とも伝えている)があります。この日記メモは、『会津暦』の空白のところにメモ帳のようにぎっしりと書かれているのですが、細かくて、虫眼鏡で見てもわからないところが多いのです。月によっては、多い、少ない箇所がありますが、昔の人は、暦の開いているところに、細かい字でメモ的に書きつけることをよくやっていました。私の祖父も大正時代の暦の空白欄にメモを記入していますので、当時、暦にメモのようなものを記していたようです。

そこで、この天保十年の十月と十一月の暦の空白部のメモの部分を見てみますと、その事情が、次のように記載されてあります。

天保十年十月廿三日　昼後、龍興寺来リ慈眼大師書上ノケン云。
十月廿四日　今日ヨリ慈眼大師誕辰考ニカヽル。
十月廿九日　今日モ雪タマル。誕辰考成ル。
十一月廿三日　慈眼大師ノ書上草稿、龍興寺ヱ渡ス。

そこには、十月廿三日にこの件について住職が頼みに来ているように書かれています。そこで、次の日から原稿書きにかかり、十月の廿九日の所で、この草稿が出来上がったことがメモされています。さらに二十日ほど過ぎて、十一月の暦の廿三日の所には「慈眼大師ノ書上草稿、龍興寺ヱ渡ス」と書いてあります。これは、田中重好の『慈眼大師誕辰考』の「あとがき」とは日付がずれているところが見られるのです。

これには、「誕辰考」のように、言い訳したり、謙遜したりしている所が見られます。このメモの方を見てみますと、どうも書き上げてから、二十日ほど後に、重好は草稿を龍興寺に提出しているのです。その間、恐らく推敲したり加えたりしていたと推測されます。重好は「此ノ年ノ師走ノ頃、江戸ニ送リタルトゾ」と書いているところを見ると、この暦のメモに書かれている方が事実のように思われます。

なお、重好の「誕辰考」の生誕の年についての説については、須藤光暉が『大僧正天海』で、それを批判しております。しかし、重好の「誕辰考」は、「船木氏系譜」や『会津風土記』、『新編会津風土記』など、会津にある資料をもとにして述べておりますので、非常に綿密に考証しています。

大正期になって、大正五年が高田にとっても、一つの重要な年になっております。それは、寛永寺から『慈眼大師全集』上下二巻が発刊されたことにより、大師の伝記が活発になってきたことです。この全集は上、下巻とも八百五十頁の厚さの大作です。戦後復刊されています。ここには会津からの資料も下巻に載っております。

また、同じ年に歴史小説家の須藤光暉の『大僧正天海』が当時の大手の出版社の冨山房から刊行されています。これは、六百頁にわたって、伝記と、五十頁ほどの「考異」がある、力作です。発行部数が少なかったせいか、古本屋でも現在、五万円前後で売られていますが、なかなか手に入らないそうです。

この書の特徴は、須藤氏が、明治四十五年から五年ほどかけて、各地を精力的に取材していることです。小説家の取材は、専門家の気がつかない、幅広い調査取材が行われていることが多いそうです。特に、彼は、高田町に来て、いろいろ調査、取材をしている様子が伺われます。それは、この本のまえがきに、「高田町長田中仙三の指導、援助好意に負う所、もっとも多大成り」と述べているところからもわかります。田中仙三町長は、高田の郷頭田中重好の子孫に当たる人で、高田に残っている資料を多く提出しているようです。又、古老からの言い伝えを数多く聞き取ったと思われます。その点、会津と天海との関係については、よく述べられてあると思います。

さらにこの大正五年の九月二十日には、仏教史の専門家の辻善之助博士が、高田にやってきて、龍興寺を始め、天海に縁のある所を訪れています。そして、天文五年生誕、寛永二十年逝去の百八歳説を唱え、それが有力な説となって、現在に至っております。

大正十三年には、東叡山二十一世の大照圓朗貫主に「慈眼大師御誕生地」という書を依頼し、それを町では石碑に刻み、建立しております。現在、旧公民館の道の向かい側に立っております。これによって、高田が大師生誕の地に定着したと言います。

このように、慈眼大師の没後に、会津美里町と慈眼大師との関係が深く続いているのです。

（平成26年10月4日「慈眼大師と会津美里町」での講話）

4　天海の気尚漂う日光の山

――喧騒から逃れて天海の廟所へ

日光の参拝者たちの群れの喧騒から逃れるようにして、慈眼堂の苔むした石段をのぼる。真ん中に手すりが付くほどの坂である。周囲の木々は太く高い。左右に二、三回曲がりながら一歩一歩足を進めていくと、境内に着く。慈眼堂はそこから右の方に区切られた、二、三段高い境内にある。

天海の廟所の拝殿、慈眼堂の前は、静寂そのものだった。固く閉じられた堂に歩むと自然と頭が下がる。それは、静寂から厳粛な気へと移る瞬間である。あたりはシーンと静まり返り、心が洗われる。周りの石灯篭や石塔は年輪をうかがわせる。とにかく静かで頭も心も空白な状態になる。

拝殿の中央の裏には、天海の五輪塔の墓がある。毎年、十月二日午の刻に示寂《じじゃく》した忌日《きにち》にはこの廟堂が開かれる。その開かれた扉からこの堂の裏にある天海の墓を正面に望むことができるようになっている。その配置は実に素晴らしい演出を表す。

寛永二十年（一六四三）、生前より天海自身が定めていたように、遺骸の埋葬地は東叡山寛永寺ではなくて日光山の大黒山だった。この慈眼堂の前に立つと、天海の棺が大行列により日光山へと向かった様子が髣髴としてくる。堀田正盛を使者とし松平正綱の指揮の下、千人の行列が延々と続いたのである。

その行列の有様を想像しながら境内の右側に目を移すと、天海の蔵書を納めてある収納蔵が建てられてある。廟域は意外に質素だが、周囲の静寂な雰囲気によく溶け込んでいる。

天海大僧正ゆかりの石碑（於龍興寺）

天海の蔵書の収納蔵がこの廟所に付随していることは天海の深い学徳と博学ぶりに誠にふさわしいものである。学徳の天海は、天台の教学はもとより、各宗の仏教教義にも及ぶ。会津の稲荷堂の別当をしていた頃に、曹洞宗の天寧寺で善恕仁庵に『碧巌録《へきがんろく》』について聴聞して、禅にも理解を示している。

また、彼の晩年に精力的に取り組んだ『天海版一切経』を彼の没後五年、慶安元年（一六四八）に木活字を用いて刊行された。この『一切経』（大蔵経）は「一切の経」といわれるほど全ての宗派の経典を取り入れたもので、これからみても天海の仏教教義は決して狭隘なものではなかったのである。だから、家康には天台宗のみならず、仏教の様々な教えを受けるように勧めている。また、足利学校での漢学の勉強は学説に大きく影響している。その静かで心に激しさを秘めていた天海の姿は、この廟所の前にいると、よくわかる。

天海に所縁のあるところを巡ってきたが、これほど私の心を捉えたところはない。たったひとり、天海との心の触れ合いを感じたところはなかった。

帰路に、カナダ人の老夫妻がこの参道の苔むした石段を上ろうかどうか躊躇していた。

「ここは何がありますか」

と尋ねられる。

「この日光を盛んにした人のお墓があるのですよ」

「ほう！　そうですか」

と、それほど興味を示さずにゆっくりと石段を上っていった。

崇敬した家光の廟所の大猷院の通りに出ると再び喧騒な巷に出る。大猷院のきらびやかな拝殿をしばし眺めながら、参道に出ると、先ほどのカナダ人の夫妻がにこにこしながら寄ってきて、

「ありがとうございました。大変素晴らしい素敵なところでした。ワビ、サビの世界でした」

と生き生きした眼で話しかけてきた。

この外国人にも、あの閑寂な気分に心が洗われたようで、天海の存在は理解できなくとも、廟堂の静寂さによって、天海の気尚に触れられたのではないかと思い安堵する。やはり、天海を偲ぶにはここしかないと思いつつ、輪王寺に足を運んだ。

輪王寺再生は天海の使命

日光山は、奈良時代末（八世紀末）に勝道上人によって開かれた。その後は天台、真言の両勢力が互いに競い合うような形で進んでいった。平安末期には天台宗の重要な道場の常行堂が出来て、天台宗の体制になったのである。その後、源氏による日光山への崇敬は厚く続いた。

鎌倉期には山岳信仰の神仏習合が行われていたが、室町期になると、源氏の衰えとともに豊臣秀吉の小田原攻めなどにより、日光山の衰退をもたらした。

しかし、徳川政権になり、慶長十八年（一六一三）、天海が日光の貫主になって、再生することになる。家康が天海を送ったのはこの日光山を関東の宗教上の拠点とするためだった。勿論、天海の考えも家康の構想に一致していたことは言うまでもない。それは、過去の日光山の隆盛を再生することが天海に課せられた使命でもあったのだ。

輪王寺の三仏堂に安置されている、巨大な約八メートルの阿弥陀如来坐像・千手観音坐像・馬頭観音坐像の三体の金色に輝くその姿は、東照宮の華麗な建物とは異なった荘厳な気分をかもしだす。その西側の大護摩堂には示寂の数年前の姿を留めているという「慈眼大師坐像」は川越喜多院の姿と比較してみると、より威厳を示している。

それに対して三仏堂の仏像は、あまりにも大きく、あまりにも華麗だ。その三仏の姿に圧倒され、ひれ伏す気分になる。それは先ほどの慈眼堂の天海に感じたものとは異質な感情であった。廟堂の前では、知らず知らずに頭が下がるのとは違って、三仏の畏れに参りました、というものだった。

そんな輪王寺はいま、日光山の中心として東照宮を総括しているが、天海との深い関係をも人々は、今では遠い昔のように忘れられようとしているのは寂しい。

東照宮は家光と天海の連繋から

境内に入ると、家康の神格化された威光の表現が参詣者に対して、その豪華絢爛たる色彩感に目を吸い込ませる。その象徴的なものが、東照宮の有名な陽明門なのである。

確かに家康は死後、東照宮大権現となる。この「権現」とは、権は「仮」といい、現は「現れる」という語の組み合わせで「権《か》りに現れた」という意味であることは、一般に知られていることである。つまり、現世に戻って徳川幕府を守り平和をもたらすという。そのためにはどのような演出が必要か、創設者の天海はこれに没頭したのだった。

そこで、日光山の神として家康を崇敬させるためには、東照宮を山の中心に据えたのである。さらに三代将軍、家光が偉大な祖父、家康をどのように処するか、特に平穏なイメージを作り出し、しかも威厳と権威を示すものに力を注いだ。

家光は、敬慕の限りを捧げた家康を仲立ちとして、心から崇敬していた天海と、ぴったりと息を合わせて、この日光東照宮の存在をより大きなものにしていったのである。家康・家光・天海の三人の結びつきによって、その目的が合致し、この東照宮は生まれたのである。それは、家光の権威と天海の心眼とがなせる業だったのである。

家光は、寛永十三年（一六三五）に大々的に造営の粋を尽くし、その基本を色と形に置いて、徳川政権の繁栄を祖父家康に誓ったのである。その結果、建物に付く色彩の豊かさは今までにない華麗なものとなって人々を圧倒する。また、隅から隅まで、五千体にも及ぶ彫刻は、ただ羅列しているわけではない。むしろ人に対して巧みに呼びかけているようだ。それは、神に縁ある動物を描き出していることでもわかる。その代表があの有名な坂下門の前の回廊の上にある「眠り猫」である。雀を捕らえる猫がのんびりと昼寝している姿は、果敢に飛びかかる猫ではなく、平和な姿を示している。

平和・安穏・温和な気分を漂わせようとするこれらの彫り物は、世の落ち着いてきた家光の時代の特徴を表しているという。そして、家光は壮麗絢爛な理想郷を築き、十一回も日光に参詣しているのである。それも、天海の意見も反映していることは間違いない。この時になって、ようやく日光山の東照宮は光を輝かせてくるのである。

一方、天海は、東照宮の威厳を全国に宣揚するために各地に東照大権現を勧請させている。これによって、東照宮の神徳を世に知らしめたのである。また、天海は日光山に東照宮を築き、ここを関東天台宗の再生の拠点と考え、関東天台宗の再整備が行われたのである。一方、皇室との結びつきを強めて、東照宮と天台宗のカリスマ性を発揮させることに成功したのである。

このような天海と彼に師事した家光の呼吸のあったエキスが、この東照宮を完成させたことは忘れてはならない。家光は死後、天海の廟所の傍らに葬ることを遺言し、この日光山に埋葬されたのである。

天海の特性は理論明晰、説得力ある弁舌

しかし、天海は巷間で言われるような政治の場面に直接影響を及ぼすような行動には出ることがなかった。理論の明晰さと、その鋭い弁舌による説得力があまりにも図抜けていたことによって、政治に口出す悪者と取られてしまったが、噂が噂を呼ぶという重層的な虚構になっているのを振り切るのは、この日光山の理解から始まるのである。

思えば、天海の生誕の地、会津の旧高田町は、日光の丑寅の鬼門の方角に当たるのは偶然なのだろうか。その縁には驚かされる。天海大僧正の業績はこの日光の山に響いて、すでに約三百八十年を過ぎようとしている。日光は喧騒の巷なだけ、その反動として静寂をもたらす所でもある。今日も騒と寂とが相交差して人々の心を動かしながら、この日光の山は息吹いているのだ。

戊辰戦争と日光山の秘話

会津と日光は、山王峠を越えればすぐ隣りだ。慶応四年（一八六八）四月に幕府軍約三千名は大鳥圭介を将として幕軍最後の砦として日光山に立てこもった。

それは、神君家康公の廟地に徳川三百年の余命を保とうとしたのである。閏四月一日、日光にいた大鳥軍の軍議が二つに分かれた。一つは、弾薬食糧が尽きていたので会津に入って再起する。もう一つは、血戦して「廟前」にて死のうとした説であった。結局日光撤退に決し、一時休戦することとなった。

日光の寺僧をして西軍の陣に使し戦を中止するの交渉を為さしめんとし之を物色したるに、一老僧あり死を犯して土州の陣に至り謂つて曰く、今此の地戦端を開かば東照宮の兵燹《へいせん》に罹る必せり、願くは休戦して東兵を退かしめよと、土州の隊長某答へて曰く、素より東照宮に怨みあるにあらず賊徒を追討するのみと之を諾す。

と『会津戊辰戦史』にも記されている。

松下孝一著『会津の史説と巷談』によると、その前月に、多くの寺院が集《つど》って日光東照宮および輪王寺等を兵火から避けることを協議した結果、日光山忍性坊の僧、厳亮を使者として、西軍陣地の板垣退助のもとに送り、日光での戦闘を避けることを懇願したという。

一方、その間に東照宮の御神体と御神宝の一部を長持ちの中に移して四月二十六日、折からの豪雨に乗じて脱出し、会津藩松平家に難を逃れようとしたと言い伝えられている。四月二十八日若松の城下に到着、会津藩の重臣たちが御神体を出迎えた。

その後、出羽・山寺に移され戦後の十月七日に仙台で、輪王寺宮一品公現親王の手によって無事日光山に納められ、現在に至っているという。

『会津戊辰戦史』には、

是より先き日光山の管長大楽院、東照宮に不慮の事あらんことを恐れ神輿を護送せんとし、脱走兵を率ゐて其の護衛とし、東照宮附属の旧幕臣数十名之を舁《か》し、大鳥に先だって日光を発し、六方より大鳥と共に五十里《いかり》に至り、警衛を関門戍衛の我が兵士に移す

とある。

このような戊辰戦争にまつわる秘話が今もなお伝えられている。会津藩主、松平容保が宮司となり、十五年から十七年までと、明治二十年から二十六年に逝去するまで、通算十年にわたって別格官幣社の東照宮を護ったのである。

このように、日光山は中興の僧、天海を始め、別当大楽院住職を務めた会津出身の全海和尚、そして、戊辰戦争を経て旧藩主容保の宮司と、会津と日光とは大きな所縁をもつ間柄であったのである。

（『会津人群像』18号〈平成23年刊〉所収）

九、会津よもやま話

1 『男爵山川先生遺稿』の中から

はじめに

本日はこのような席にお招きいただき、大変恐縮致しております。

私は今年（平成二十二年）数え歳で、七十八才になりました。丁度山川健次郎先生がお亡くなりになった同じ歳になりました。昭和六年の六月二十六日にお亡くなりになられて今年は没後、七十九年目に当たります。年忌では八十回忌のはずだと思います。この会でも何か計画を立てられていると聞いております。そんな縁のある年にお招きいただき光栄に存じております。

さて、私が「山川健次郎」と縁があるようになったのは、『新撰組始末記』や『勝海舟』などの作者、子母澤寛の随筆の中で、山川健次郎のことを尊敬して、いかなる場合でも「山川健次郎先生」と、必ず「先生」と敬称をつけて、決して呼び捨てにしなかった、ということを若い頃聞いて、強く関心を持つようになったのです。

そこで、岩波書店から発行された『男爵山川先生遺稿』（昭和十二年六月刊）と『男爵山川先生傳』（昭和十四年十二月刊）との二冊を古本屋から買って読み始めたのです。発行当時でもこの本は三円五十銭と高かったのです。

しかし、だいたい山川健次郎のことを述べる人はこの二冊からほとんど引用していると言います。そこで、読み始めました。が、やはり、『伝記』の方が読みやすく、『遺稿集』の方は、拾い読みで終わってしまったのです。

今日このお話があった時、もう一度、『遺稿集』の方を読み返してみるのにいい機会を与えていただいたと思いまして、読み直しをしてみようと思いました。そして、その中から私の感じたことをおしゃべりしようと思いました。

最初にお断りしなければならないことは、この席では、歴史上の故人となられた人物「山川健次郎」を取り上げますので、山川健次郎先生と敬称をつけずにお話しすることをお許し下さい。

『男爵山川先生傳』と『男爵山川先生遺稿』との違い

さて、そこで、『男爵山川先生傳』と『男爵山川先生遺稿』を読み比べて見ますと、『遺稿集』のほうが亡くなってから六年後の、昭和十二年六月十六日に「故山川男爵記念会」代表者、新城新蔵（京都大学教授）の名で発行されております。『伝記』の方は、二年ほど遅れて、昭和十四年十二月二十五日に「男爵山川先生記念会」代表、中村清二の名で発行されております。これは新城新蔵が亡くなったり編集者の物故などで、遅れたことが凡例に述べてあります。『伝記』の方は、健次郎の生涯についてよく書かれていますが、『遺稿集』の方は、その生涯の言動の根底に流れている精神がよく表れていると思いました。

したがって、これからお話いたすことは、すでにここに出席されている皆さんにはご存知のことばかりでしょうが、山川健次郎の言動の底に流れているものを私なりに感じたことを、この『遺稿集』の中から探ってみたいと思います。

山川健次郎の精神

まず始めに、「山川健次郎の精神の根底に流れるものは何か」を私なりに感じたところを申し上げますと、それは「国家のためになるかどうか」「そのためには国家のために尽くす義務がある」という視点だと思いました。彼をそこに至らしめたものは二つあります。

一つは、会津藩という国が消滅したことを、十五歳の頃から身にしみて体験しているということです。二つ目は十九歳という感受性の強い年頃でアメリカ留学により、西欧列国がアジアの国々を植民地化しようと虎視眈々と狙っていることを感じとってきたことです。そこから、健次郎は、会津の国がなくなるという悲劇をまざまざと感じ取ったからです。

国が滅んだら、個人も文化もすべてなくなってしまうおそろしさ、苦しみを味わった者しかわからないものなのです。だから、理論や頭で抽象的にわかるものではないのです。今の私たちは戦争には負けましたが、国は幸いには滅びなかったのです。そこから出てくる国家主義は、本物ではないのです。その上、健次郎は幼少の頃より育成された、会津の「武士道」精神に裏付けされたものを身につけておりました。

しかし、これは、あくまで山川健次郎の「武士道」なのです。【資料②】を読んでみますと、おわかりだと思います。そして、その精神は彼の生涯を通じて決してブレなかったのです。したがって、その精神が、女性観・文学観などあらゆる場面に顔を出しております。

だから、「国家のため」「国家への義務」ということが至る所に出てきます。これは、大正・昭和の晩年になっても変わることなく、少しもブレることなく一貫して彼の言動に表れていることは驚きです。そして、健次郎の人格が人々に信頼感を与えたこと、決して権力へおもねることなく貫き通したことが健次郎の生き方に十分表れているのです。

山川健次郎の「武士道」

「国家のため」には、彼の育てられた「武士道」精神がその根底に流れていることは、もうご存知のことでしょう。そこで、まず、山川健次郎の「武士道」精神について少しお話してみましょう。

「武士道」というものは、もともと日本にあったものでしたが、再び言われるようになったのは、日露戦争の頃からだったと言います。この戦争で日本に関する評価が内外に変化してきました。それは日本の戦いぶりの勇敢さを「ロンドン・タイムズ」では、武士道精神によるとして、大いに褒め称えている記事が載りました。国内でも大国ロシアに勝ったと国民は浮かれていました。そんな中から「武士道」が取り上げられるようになってきたのです。

世界の国々で最も主な精神（スピリット）は、英人では人格、独人では学問、仏人では資格、米人では才幹だと言います。では日本はと言いますと、「武士道」という道義になるのでしょうか。

ではなぜ「武士道」が持てはやされるようになったか、と言いますと、まず、戦争に都合のいいものだったということであります。また、この時代背景をみてみますと、激しい欧化主義からのゆり戻しがあったということです。この当時の社会風潮について【資料①】を御覧下さい。

そこでは「我が国は欧米に劣っているので、追いつくには模倣するしかない。そのため、在来、日本にあったものはすべて排斥すべきだ」という風潮を健次郎は指摘しています。そして、在来からある「忠君」という観念など必要ないという風潮に対して激しく批判を示しています。

彼の『遺稿集』には「武士道」に関する話がしばしば出てまいります。そこで、私なりに彼のいう「武士道」をまとめてみるために、その中から幾つか指摘してみましょう。まず、「武士道」という題で大正十五年三月に横須賀国本社支部で講演した中からその内容を紹介します。【資料②】を見て下さい。ここでは、彼は自分の「武士道」というものは、体系づけられたものではなく、幼少の頃に育てられた「武士道」なのだと言っております。したがって、「武士道とは何ぞや、と定義づけることは難しい」とも言っております。

「武士道では教祖がない、仏道の釈迦、儒道の孔子のような教祖がいない」と言うのです。だから、日本各地の何処に行っても「これが武士道だという普遍的な定義は通用しない」と言っております。

つまり、武士道を始めた人がもともといるわけでもなく、自然にできたもので、皆違ったものを持って「武士道」というものを信じていると言います。健次郎の場合は、「会津藩の日新館童子訓」で育まれた徳目が基本となっている、ということは多くの識者が指摘しているところです。

したがって、彼の武士道とは「簡単な徳目を挙げて実行することだ」と言います。このことは幼少の頃から折に触れて断片的に教えられたものだと言います。だから、健次郎の「武士道」精神は、単なる理念ではなく、根本は「実践」にあるのです。それは、『日新館童子訓』によって彼の体臭に染み込んでいるものなのです。その中から出てきた精神ですから、非常に説得力があるのです。『童子訓』は皆さん御存知のように、

①年長者の言うことを聞かねばならぬ　②年長者におじぎをしなければならぬ　③嘘をついてはならぬ　④卑怯な振舞をしてはならぬ　⑤弱い者をいじめてはならぬ　⑥戸外で物を食べてはならぬ　⑦戸外で婦人と言葉を交してはならぬ　⑧ならぬことはならぬものだ

とあります。特に「ならぬことはならぬ」ということが持てはやされていますが、私などは「お前はそれを実践しているのか」と言われると、「ならぬことはならぬ」という言葉が空虚に響いて、とても人様には言うのが辛くなります。その点、健次郎は実践している中からにじみ出たものですから、非常に説得力があるのです。

勿論、この教えと、現在言われている「ならぬことはならぬ」の内容は違いますが、子供に「ならぬことは何ですか」と聞かれると、不道徳な私には辛いのです。

それから、「権力者や階級の高い者は、より一層高い標準の道徳を守らねばならない、武士道は高い標準の道徳なので、誤ると厳しく責められることを覚悟しなくてはならない」と言います。

つまり、「武士は人々の上に立つ者だから人々の模範とならなくてはならない」と強調するのです。だから、健次郎は「教育者の高い地位にいる者は厳しく実践しなくてならない」と言って、それを自ら実行したのが山川健次郎自身なのです。だから、彼の言動は説得力があるのです。

そこで、武士道の「徳目」として六か条、ないし八か条の徳目を挙げております（後に八か条になっておりますが、……）。

まず、第一に「忠君」です。君のために命を投げ出す、そこから「愛国」という観念が生じてくると言います。これを最も重視しております。

二つ目には「孝道」、孝行です、親を大事にすると同時に、親が子を慈しむことが伴って初めて完全なる「孝」が成立すると言います。また、親を大切にすることは、祖先を大切にすることも起こるし、その結果、家名を汚すことが出来なくなる、と言います。なお、「儒教の方では、〈不孝者〉というのは、人間でないと同じだ」ということを述べております。

三つ目に「皎潔《こうけつ》」──「是は昔のことですので、徳目の名が付いておりませぬけど、わたしは之を皎潔とでも付けた方が宜しかろうかと考えるのであります」と健次郎は述べております。これは「鄙劣（卑劣）」の反対のことです。金銭や名誉、或は脅迫等のために自分の主義、主張を曲げない。何処までも自分の信ずる所にしたがって進むということだと言います。

そして、ここから「人の慎み」ということが出てくる、ということです。「人が見ていなかったら悪いことをする」そういう卑劣なことをしない。即ち、「人の慎み」「報恩」という儒教の道も、また、この「皎潔」という徳目から出ていると言います。『日新館童子訓』の中心となる「卑怯な振舞をしてはなりませぬ」にあたります。日本の海軍の元祖と言われる小栗上野介又一が横須賀に造船所を開発した、その恩を忘れずに彼の銅像を建てたという報恩の話を挙げております。

これらは、東京帝国大学総長時代、七博士上奏事件などで、その行動に、はっきりと示されております、まさに、言行一致の実践を行っております。

四番目には「信義」です。これは人間が一旦、約束したことや、口外したことは必ず行うことです。「武士に二言なし」というように責任を果たす意思を重視するのです。「義」とは、君の為、人の為に自己を犠牲にして尽くすことを言います。『童子訓』の「嘘をいってはならぬ」にあたります。

五つ目に「恕」、つまり「思いやり」です。相手の身になって思いやる、自分が弱者の位置に立って相手を憐れむ「弱気を助け、強きを挫く」ということも出てきます。武士は弱い者、女、老人、子供、病人等の弱い者をいたわらねばならぬと言います。『日新館童子訓』の「弱い者をいじめてはなりませぬ」にあたるでしょう。

最後に「礼儀」を挙げております。これは「社会の秩序を保つ」ためには非常に大切なものだと言っております。命令服従が円滑に行う「礼」が是非必要であるから武士というものは、昔から「礼」というものを喧しく言うのだと言います。

さらに四年後になって、八つの徳目にして、「忠」「孝」「勇」「義」「礼」「信」「恕」「清」を挙げて説明しております。「勇」については、彼は、「勇というもののない国民は国を維持していくことはできない」と言っております。つまり、徳目を実践する勇気を重んじています。「清」というのは、「利や欲のために己の徳を汚してはいけないということだ」と言います。世の中は、「無罪」と「無悪」とを混合している、法律に触れなければ何をしてもよいというものが今の世に盛んだと嘆いております。

女性観について

さて、健次郎の考えで今の人たちに最も納得されないものに、彼の女性観があります。『男爵山川先生遺稿』の中で私が特に目にしたところは、この「女性観」でした。そのところを少しお話してみたいと思います。まず母親のことがよく出ます。【資料③】を見てください。

早く父親を亡くした山川健次郎は、絶えず「私が今日あるのは母の御蔭だ」と言っております。その母親について述べているところを少し出してみましょう。ここでは、「母は変わった事の嫌いな性質で、平凡な事を真面目にやっていた女だった」と言って、「進歩的思想を持っていたわけではなかったが、子供の教育には熱心だった」とも言っています。また、「母は、一方、非常に厳格な処があって、道に背ける行いに対しては容赦なく諌めた」とも言っております。

この母の教育が、山川が言う「家庭教育」の重視に影響を与えるのです。それは、子を育てるのは、家庭の女性が受け持つのだと言います。白虎隊の少年たちに「武士道」による男の心構えを教えたのは多くの母親や祖母や姉たちであったのです。これは柴四朗の話にも出てきます。

今の親に対して健次郎は「子供を学校にさえやっておけば、学校の方でもよいようにしてくれる、という考えで家庭教育を念頭にとめていない」と嘆いております。そして「家庭教育は学校教育に劣らない大切なものだ」と強調しています。何だか現代の親のことを言っているように思えます。

さて、それでは、健次郎は女性についてどのように考えていたのでしょう。明治四十四年三月の『新家庭』という雑誌の中で女性のことについて次のようなことを書いています。【資料④】を御覧下さい。

これを読むと「まず、男女の教育を同一にする必要なし」と言っております。「男女が共に働くにしても、出来る事と出来ない事と、それぞれ分かれているので、教育が必要だとしても、男女を同一にする必要がない」と言い切っております。

次に「女子の身体には増税が掛かっている」と言うのです。女子は男子よりも大きな役割を務めなければならない。それは「国家のために、子供を産むという大役があるので、女子の身体を丈夫にしておかなくてはならないのだ」と言っております。

だから、「女子の学問は高等女学校で沢山だ」と言うのです。女子として非常に大切な時期は十六、七歳から三十歳までで、「この時期に十分、女子の身体を丈夫にしておかねばならない」と言うのです。ところが、教育、教育ばかり強調すると、身体に障らないかと思う、とも言っております。

一口で言うならば、「女子は尋常小学校から、高等科、せいぜい高等女学校までだ」と言って、「高等女学校を卒業したら結婚せよ。そして家庭の人となって子供を産め。東京などに来て勉強をするなんて思うな」と言うのです。

さらに外国、特に欧米の近代的な女性を批判しております。【資料⑤】を見てみましょう。これは欧米には独身生活者が沢山いる。特に「女尊男卑」の陋習のため、結婚した婦人が贅沢で、生活費がものすごくかかるので、婦人が男子の行動をひどく束縛する。だから男子は結婚を避ける傾向があるという。また、女性が間違った高等教育を受けると、女子の本分である家政だけで満足できないところから結婚を避ける傾向があると言うのです。現在、日本の世の中の趨勢が、まさにその通りとなりました。

そこで健次郎はこう言います。

「結婚は国民が国家に対する一つの重要な義務であることを感じ取るようになってほしいものだ。それは、国の人口を増加する唯一の手立てだからだ」

このような「女性観」に対する意見については、反発する人も多くいると思います。私もこれについては、賛成できかねると思いましたが、よく読んでみますと、健次郎は、女性を卑下しているわけではないのです、寧ろ、「女性は国家のためには絶対なくてはならない大切な存在なのだ」と強調はしているのです。

ただ、西洋のように女性を敬意の対象とはしていません。

文学観、小説についての考え方

もう一つ、健次郎の意見で、気にかかることがあります。それは、文学、小説に関することと、男女の関係についてであります。これらに対しては手厳しく攻撃しています。【資料⑥】は明治三十九年二月に東京帝国大学の新旧総長歓迎会で「学生諸君に告ぐ」という題で発表したものです。その中で、次のように述べておりますす。これを読みますと、

「近頃、苦々しい風聞のあるのは実に痛心すべきことだ。第一に、素行の修まらない所謂、文学者と称する輩が書く所の彼の不潔な恋愛小説がその一つであると思う」「近頃、出版物の中で小説の売れ口の一番多いことだが、これ等が青少年男女を迷わして、魔道に導く」

と言って、激しく非難しています。

さらに、「美的生活とか本能主義とか称して道徳の制裁を無視するエセ哲学者の書いたものもその原因になっている」と言っています。また、明治四十五年七月に九州帝国大学での「第一回卒業式における告辞」のなかで、こう言っております。【資料⑦】を見て下さい。これには、「近来、文学の雑誌などに現れている所を見ると、わが国民が少なくとも我が青年者の《愛国心》がだんだんと薄くなる傾きがある」と嘆いております。その理由について、「人間の本能だとか、芸術の神聖だとかに溺れて君国の体裁などを度外視することを高尚だといって、誇っている先輩などは、分別の浅い青年男女が之を時代思想とか新思想だと誤解して、新文明の骨髄のように心酔していて容易ならぬことだ」と言っています。

小説、特に恋愛小説を「不潔な」と言っているくらいですから、今の世からいうと、この点については健次郎の世界は別世界のことのように思われるでしょう。これは『日新館童子訓』の中で、「戸外で婦人と話を交わしてはならぬ」という躾で育った健次郎にとっては苦々しく思ったのでしょう。

さらに、【資料⑦】で、与謝野晶子のことを厳しく非難しています。それを読んでみますと、彼の「国家主義」がよく出ております。近頃文壇で名声を博している、或る女詩人がその知人の日露戦役に出陣するのを送って「死にますな君」と歌ったということを聞いている。「もし、我が国民、殊に次代の国民たるべき青年が此の詩人の如き人々に魅せられて、君国のためにさえも命を惜しむようになったならば、我が日本国は到底維持することが出来ず、生存競争場裡の劣者となって滅びるより外はない」と嘆いています。

もし当時、我が婦人がその子、その夫の出陣を送って「死にますな君」などと歌ったならば、士気沮喪して到底勝利を得ることが出来ません。もしこれが果たして文壇の趨勢において、君国の体裁を度外視するような傾向があるならば、これは実に由々しき大事だと思うと言います。また、文学以外の方面から観察しても近来、青年者の日に増して柔弱に流れていると危機感を募らせています。もう一つ、有島武郎の姦通、情死事件についても厳しく非難しております。【資料⑧】にそれが出ています。

また、某氏が関西地方の或る高等女学校で演説をしたことを紹介しています。【資料⑨】です。それを読んでみますと、その演説の中で、「近来刊行されている小説中、有害無益なるもの十中の九、または百中の九九なり。而して多数の小説に就き、一々その良否を判定して是は読んで差し支えなし、是は読むべからずと指示するは至難の業なれば、小説には害あるもの大多数を占め居る事なるにより、小説は一切読まないこととすることが得策とすると説き、諸君にして在学中は小説を読まざることを予（演説者）に誓うことを得べきや」といった人のことを健次郎は紹介しています。

すると、当該女学校の生徒各組の総代十三人は校長を通じて左の書状をその演説者の某氏に送ってきたる由、手跡なども美麗はしく認めたる由なりと感激し、その中には、「向後、決してかようなる書物は手にだに触れ申すまじくと固く相誓い申し候」として、各学年の総代名で送ってきております。また、山川健次郎の芸者嫌いも有名でした。芸者の出るような宴会には絶対に参加しなかったと言っています。

このようなことから、当時としては男女関係や、その源となる、小説や新思想への、健次郎の飽くなき非難は相当なものだったと思われます。このような考えを持っていたのは、この時代の識者の趨勢であったと思われます。

たとえば、若松に女学校を開こうと努力した、海老名リン女史も夫の季昌《すえまさ》が女学校設立には反対で、なかなか協力を得られなかったと言っております。ただ、健次郎の場合は厳しく強調していたのです。

それは、彼の生き方の根底にある「武士道」によって育まれた「国家のためになるかどうか」という観点から出てきたものなのです。そして、それに反する思想に関しては我慢できなかったのだと思われます。『日新館童子訓』のなかの「戸外で婦人と言葉を交してはならぬ」という教育を受けてきた健次郎にとっては、彼の女性観や文学観が変わることを期待することの方が無理なのかもしれません。

まとめ

山川健次郎の精神は「国家のため」にあります。その根底に流れているのは、『日新館童子訓』で育まれた、彼の実践的「武士道」であったのです。したがって、彼の「女性観」や「小説観」に於いてはこの彼の武士道を理解できなければ、批判だけに終わってしまうのです。

また、山川健次郎の考え方についてはいろいろ異見があるでしょうが、彼が「国家のため」「国家に尽くす義務」のために、自ら模範となって実践していったところに偉大さを感じ、しかも最後までいささかもブレることなく貫き通したところに、今の世でも沢山の人たちに共感を得ているのだと思います。

そして、私がこの『男爵山川先生遺稿』を読んでみて感じたことは、彼の「武士道」を理解しなければ、彼の生きざまに迫ることができないということを学んだと言えます。会津の「武士道」を実践したこの山川健次郎、浩兄弟と、柴四朗、五郎の兄弟については、今後もその生きざまを伝えていきたいものです。

資料（『男爵山川先生遺稿』から抜粋）

①《近比少々流行りものになった》《欧化熱の盛んであった比は、頑冥固陋の旧弊として世の中から全く排斥せられたものでありましたが、此六、七年来世論が少々変って、萬ざら嫌ったものでないと云ふ様に放ったものでありますが、矢張り心底に於ては、野蛮の遺風であるかの如く思って居る人が少ない様であります》

―明治三十八年三月

②《日本各地に於て何処に行っても、之が武士道だと云ふことは、或は通用しないものがあると私は信ずるのである。誰しもが或る点までは同じでありますが、併しながら大いに違ふ所があるかも知れぬ》

―大正十五年三月『武士道』

③《母は変った事の嫌いな性質で、平凡な事を真面目にやってゐた女でした》《進歩的な思想をもって

ゐた訳ではなかったが、子供の教育には熱心でした》《一方、非常に厳格な処があって、道に背ける行いに対しては容赦なく之を戒めました》

—大正五年四月『婦人週報』

④《男子と女子の務めが違っている。女子の身体には重税が掛かって居る》《女子として非常に大切な時期は、十六七から三十迄であります。この時期に於て女子の身体を丈夫にする考えが無くては成らぬ筈です。然るに只教育呼ばりばかりして余り教育を施すと、身体に障らぬで有ろうかと云う一事である。女子は尋常小学から高等小学、そうして高等女学校迄である。高等女学校を済ませたら結婚せよ。そうして新家庭の人となって子供を産めと云ふのである》—明治四十四年三月『新家庭』

⑤《独身生活の人が欧米には沢山ある。英米などでは女尊男卑の陋習のため、結婚した婦人の多くは贅沢なため、生活費の多額を要し、且婦人が男子の行動を酷く束縛するので、男子が結婚を避ける傾きがある》

—『人口国家維持論』

⑥《所謂文学者の書くところの不潔な恋愛小説。近来何種の出版物が売れ口が多く、これが青年男女を迷わしめて魔道に導く》《美的生活とか、本能主義とか称して、道徳の制裁を無視する似而非哲学者の書いたものなども一つの原因》

—明治三十九年二月、於旧新総長送迎会

⑦《近頃文壇で名声嘖々たる或る女詩人が其の知人の日露戦役に出陣するを送って「死にますな君」と歌ったと云うことを聞く》《もし当時我が婦人が其の子其の夫の出陣を送って「死にますな君」などと歌ったなら、士気沮喪して到底勝利を得ることは出来なんだのは明白である。もし果たして文壇の趨勢に於て、上に云った如く君国の休戚を度外視する様な傾向あるならば、是は実に由々しき大事だと思う》

—明治四十五年七月於九州帝大『福岡日々新聞』

⑧《又、有島某（有島武郎）という文士が人妻と情死をした。東京の新聞で筆誅したものはあるかなしかであった。かかる有様だから、新聞・雑誌が学校と歩調を共にし、教育に資するのではないのみならず、学校の徳育を破壊して居る》

―大正十四年三月、於明治専門学校

⑨某氏が或る高等女学校にて講演したことについて《小説には害あるもの大多数を占め居る事なるにより、小説は一切読まざることとするを得策と説き、諸君にして在学中は小説を読まざることを予（講演者）に誓うことを得べきや。に対して、生徒各組総代十三人は「向後決してかような書物には手をだに触れぬ、と誓いの書状を受けとった。まことに殊勝なる心掛けの人々と云ふべし》

―閑散小録「殊勝なる高等女学校の生徒」―明治四十一年

（山川健次郎顕彰会　講話原稿　平成22年7月17日　於ワシントンホテル）

2　観光資源の現状と展望
―県道赤留、塔寺線の場合

私は、会津の文化史にいささか興味と関心とを持っている者です。文化と行政とのかかわりにも興味を持っております。したがって、行政の立場からは、おかしなことを申すかもしれませんが、素人の戯言として聞いて頂ければ幸甚です。

さて、このたびは赤留～塔寺線、県道365号は、わたしもたびたび利用しております。坂下～高田の県道幹線から比較すれば往来は少ないようですが、魅力的な県道だと思います。それは、一つには「昔、八反道と称した古い道があちこちに残存している」というからです。さらには、「この県道の沿線の4キロ以内には、非常に数多くの観光資源がある」ということです。

八反道については、意外に地元の人でもよくわかっている方がおりません。赤留や八木沢、雀林、勝方、塔寺の集落の古老の方が辛うじて聞いたことがあるという程度で、忘れられた名称になりつつあります。今は断片的にしか道型が残っておりませんが、江戸時代よりも以前からあったのではないかとも言われております。

このような地方の道の始めは、集落から集落への簡単な生活の道だったと思います。だからその道は幾つかの「点」から「点」への繋がりだけに利用されていた道だったと思います。ところが、生活圏が拡大していくにしたがって、次の集落、また、その次の集落へと次第に道で結んでいく線のようになっていったのです。

したがって、その道は曲がって付けられ、曲線化されていったのです。逆に、現代の道路はなるたけ急なカーブを避けて直線化して集落の中を出来るだけ避けて造ります。だから、便利のいい、車時代の交通手段の発達にしたがって、このような古い生活道路は廃れていく運命にあるのです。

ところが、このような道は、「文化財や観光資源が多数残っている」特殊なルートでもあるのです。これは非常に魅力的な観光資源をたくさん持っているのです。これを活用しないわけにはいきません。

このたび、私みたいな部外者に話をさせるということは、「道路はただ造ればいいというものではない」ということを建設行政に携わっている人たちの考えが変わってきたと思い、その道路の活用面に活かせば大きな影響を与えるものと思われます。

ここはそれ以前からの古い文化があったのです。このような文化的な観光資源を活かさないわけには参りません。「会津文化発祥の地」という看板をよく見かけますが、その経緯やイメージが湧きません。この機会にこれほどの見所があるのですから、ぜひ啓蒙すべきだと思っております。

そこで、幾つかの問題点を提示してみましょう。まず、地元の人たちへのメッセージと、外部の訪問者への誘いかけです。それは地元の人の知識と理解とがどの程度なされているかの検証です。そして、どの程度の協力を得られるかの問題です。そのためには先頭に立っていける有力な実効性を発揮できるオピニオン・リーダーの存在が必要なのです。

金をただ形式的にかけるだけではダメです。地域の活性化を実践して効果を挙げているところは、必ず実践力、説得力のあるリーダーが存在しています。たとえば、喜多方市慶徳の「櫻物語会」の活動の富山昭次さんや会津若松市の「NPO法人はるなか」の佐藤光信さんたちの活動がその例だと思います。

次に寺社の協力が、どの程度見込めるかということです。訪問者を受け入れる、お寺や神社でも毎日つきあうことは不可能です。そのための協力体制がどの程度可能かが、問題となるでしょう。そのためには行政としてどのように協力体制がとれるか、難しい問題です。

たとえば、日にちの限定化が絶対に必要となってきます。定期的には土曜日か、日曜日だけの訪問にするとか、それでも寺社の行事の混んでいる場合とか、極めて難しい課題が沢山あります。或る一定の時期を決めることも考えてみる必要もあるでしょう。

また、ただ見るべきものがあるというだけでは、リピーターは望めません。そこで、イベント作りが必要になってきます。ただ、ここで考えなければならないことは、「一時的に盛り上がるもの」と「地味な行事だが長続きするもの」とに分けて考えることだと思います。前者は多くのイベントを用意して飽きられないことに気を配らねばなりません。後者は、万民向けではなく、特別な人たちを対象にした方がよいと思われます。

イベントといえば、会津坂下町と、会津高田町とで同じイベントが行われています。一月の「俵引き」と七月に行われる「御田植祭」です。御田植祭の方は高田、俵引きは坂下の方が盛大ですが、盛大でない場合の一方を、極端に現代風に催してみることも面白いと思います。たとえば、女たちだけで俵を引き合うとか。また、体験型、見学型の区別をはっきりさせることも必要と思われます。その点この県道の沿線にはこのような観光資源が豊富なのです。

さて、そこで、この地域のキーワードは何かといえば、それは「古臭さ」「癒し」「もてなし」そして「三六五」だと思います。この県道365号線の数字にちなんだイベントや、その数字の3・6・5を利用した宣伝や催しをやってもよいのではないかと思います。

二十数年前に、作家の連城三紀彦氏は、会津高田町の法用寺を訪れ、『旅』という雑誌に次のようなことを書いております。

……雑草が茂り、池もくすみ、山門を入ってすぐのお堂は老いさらばえ、勿体ないほどの立派な、会津唯一ともいう三重塔も高さを支える力が尽きて崩れるのを待つようにすら見える。昼日中見ても暮色を感じさせる寺だろう。この荒廃が、しかし、今までのどの寺よりも旅情を呼び起こす……

という。まさにそのものずばりの指摘であります。この中にこそ、この沿線の特色を捉えています。逆説的に言えば、「この会津には、奈良・京都のような洗練された寺社や仏像類はいらない」ということになるのです。

時々、訪問者を案内していると、「傷んでいるけれど、このような古臭さの方がかえってありがたくなる」という見学者の声にハッとしたことがありました。この素朴さや親しみやすさが残っているうちは、まだまだ魅力を保っていることでしょう。あまり新しくし過ぎると、どこにでもあるものと変わりがなくなります。それは、「古臭さ」は決して作ることが不可能だからです。

したがって、この豊富で魅力的な文化財をどう活用するかが問題であります。そのためには、幾つかのコースやルートを設定する必要があります。たとえば、「家族型コース」「年代別コース」「ジャンル別コース」などというようにするとか、「歩いて行くルート」「自転車で行くルート」「車で行くルート」といった、いろいろなルートを設定できるでしょう。

もう一つ、大事なことは、柳津との連携やルートを考えるべきだと思います。この３６５号線の赤留、佐賀瀬川から旧軽井沢銀山を通って柳津へ行く道は、昔から人々がしきりに通行していた道なのです。この軽井沢銀山跡地も重要な観光資源になります。

最近では新鶴の入田沢から広い農道が柳津の滝谷辺りまで開通し、奥会津への間道としても利用されています。西山温泉、昭和村へのルートとして車で行くにはもってこいの観光ルートだと思います。

とにかく、この県道、赤留～塔寺間の県道３６５号線の周辺には、魅力的な観光資源が一杯です。専門家たちの意見も必要でしょうが、いろいろな人たちの意見にも耳を傾け、アッと驚くような観光資源の開発、活用をたててみませんか。

資料　県道365号線沿線の見所

1．仏像めぐり

①法用寺―木造金剛力士像2躯（国）／木造十一面観音立像（県）／伝木造得道上人坐像（県）

②観音寺―木造十一面観音立像（県）　③法幢寺―銅造阿弥陀如来及び両脇侍3躯（国）　④弘安寺―銅造十一面観音及不動明王・地蔵菩薩立像3躯（国）　⑤薬王寺―木造阿弥陀如来坐像（県）

⑥恵隆寺―木造千手観音立像（国）／木造二十八部衆立像、風神、雷神共（県）　⑦定徳寺―木造薬師如来像（県）　⑧調合寺―木造薬師如来坐像（国）／木造日光菩薩立像／木造月光菩薩立像／附、木造宝光虚空蔵菩薩立像／木造聖観音菩薩立像（以上県）　⑨伊佐須美神社朱漆金銅装神輿（国）

2．建築物めぐり

①福生寺観音堂（国）　②法用寺観音堂（県）／法用寺三重塔（県）／法用寺本堂内厨子及仏壇（国）

③弘安寺弁天堂〈旧本堂厨子〉（国）　④田子薬師堂（国）　⑤恵隆寺観音堂（国）　⑥旧五十嵐家住宅（国）

3．書と絵画めぐり

①龍興寺「一字蓮台法華経開結共9巻」（国宝）　②絹本著色両界曼荼羅）　③光照寺「絹本著色光明本尊」（県）　④宇内薬師堂「古絵馬6面」（県）　⑤定林寺の墓石字　⑥小林五浪記念館

⑦齋藤清の墓（光明寺）　⑧心清水八幡神社の紙本墨書塔寺八幡宮長帳（国）／銅製鰐口（国）

4．食をめぐって

①高田梅　②高田センベイ　③藤川のリンゴ　④永井野の身不知柿　⑤八木沢のブルーベリー

⑥ 新鶴の葡萄　⑦ 新鶴、永井野の薬用人参　⑧ 立川のゴンボ
※名物：ラーメン店、そば屋、地酒
5．行事を訪ねて
① 伊佐須美神社元旦参り　② 雀林の蛇の御年始　③ 坂下・高田の俵引　④ 立木観音節分追難式　⑤ 高田の「お文殊祭」　⑥ 高田のあやめ祭　⑦ 高田・坂下のお田植祭　⑧ 龍興寺の写経会
⑨ 法界寺の中野竹子墓前祭　⑩ 掘部安兵衛墓前祭　⑪ ころり三観音　⑫ 三十三観音巡り
6．桜めぐり
① 宮川堤の桜　② 薄墨桜　③ 神代桜　④ 智恵桜（文殊堂脇）　⑤ 法用寺の虎の尾桜　⑥ 米沢の千歳桜　⑦ 杉の糸桜
7．自然散歩
① 蓋沼散策　② 高寺山の山開き　③ 明神ヶ岳山開き
8．湯めぐり
① 糸桜里の湯ばんげ　② あやめの湯　③ 新鶴温泉健康センター　④ 州走の湯　⑤ 松沢の湯
⑥ 津尻温泉　　※柳津、西山温泉郷とのつなぎ

（県道赤留〜塔寺線ウォーキング実行委員会での講演）

3 只見の古い旅館再生の物語

―只見の「おもてなし」を受け継ぐ新しいスローライフへの夢

広井トヨ子さんはか細い体をこまめに動かしている人だ。そして、非常に気配りの厚い人でもある。

広井さんが只見の旧家屋の「扇屋本館」を買い求めたのは平成十五年のことだった。読売新聞に只見の由緒ある旅館を売りに出しているという記事が載ったのである。それは持ち主の三木トク子（旧姓菅家）さんが、由緒ある建物の面影を残してくれる人に売りたいと「たもかく」の吉津耕一さんに仲介を頼んだのであった。

さっそく現れ出たのが、この広井トヨ子さんだった。当時、広井さんは自衛官だったご主人は転勤が多く、狭い官舎住まいを続けていたので、大きな広い家がほしいと思っていたそうである。只見に来て、見て一目で扇屋本館にほれてしまったのである。売り手の三木トク子さんとも条件がぴったりあって、即購入を決めた。

ところが、購入したはいいが、屋根の修繕に負担がかかり、内部は随所に傷みがひどく、本館の後ろ半分ほどを解体するしかなかった。それでも前の建物のメイン部分はできるだけ元の形を残そうと努力した。

素晴らしい建物は大工さんを魅了した

広井さんはリフォームしていくうちに、この凝った建物の魅力に引き込まれていったという。特に、只見町大倉の大工、佐藤弘吉さんのことばはトヨ子さんの心を揺さぶった。それは、なかなか立派な材を使ってます。建物は壊してみると元の大工の仕事ぶりがよくわかります。この家を作った大工は素晴らしい仕事をしています。こんな素敵な建物の再建の仕事に関わることができるなんて幸せものですよ、ぜひやらせていただきます。

ということだった。「壊してみて初めてその仕事ぶりがわかる」という大工さんのことばに心を惹かれて、しっかりしたリフォームをしようと思ったそうである。その上、建築士をしていた息子さんにも見てもらったら太鼓判を押され、すぐに再建が始まったのである。しかし、修繕の経費は思ったよりも相当かかったようだ。

その甲斐あって、昔、只見の人々が多くこの扇屋本館で結婚式を挙げた、その時の「結び」の場が二階に今も当時のままに残っている。また、四十畳もある部屋四つをぶち抜いて披露宴の会場となった所もそのまま残すことができた。只見の人たちのノスタルジアを感じさせる雰囲気も漂っている。小笠原流の結婚式で用いたという紙で作った蕗の葉をまねた「富貴台」と立派な角樽が残っている。

二階には旅館だった部屋も六室ほどある。それぞれの部屋が自己主張していて、室の入口は庇つきになっていて大変凝っている。水仙の間であった部屋は天井が傘のようになっていて、茶室のような気分を醸し出している。

玄関は二ヶ所あるが、唐風の形式にしてある。その左の方の玄関を入ると、居酒屋になっていてびっくりする。これは、只見の人たちの憩いの場となっているようだ。夜になると人が集まる。飲食物はすべて安いので、赤字にならないかと心配している常連客もいるという。

「南国生まれの人は只見の雪に逃げ帰ってしまうよ」

広井さんは、買ったその年の半年後の平成十五年十二月十四日に移り住むようになった。その日付により、当時、忠臣蔵の討ち入りのようだと言われたという。始めは、只見の人も「誰も地元では購入しようとする人もいない。町でも買えない、そんな老朽化した家を買って何になさるのか」とか、「南国の鹿児島生まれの人だから、今に只見の雪に驚いて逃げ帰ってしまうよ」とか、心配して見ていたそうだ。ところが、リフォームされた扇屋本館の復活の姿を目の前に見て、「地元の人が買えず、他所の人に買ってもらって……」と逆に広井さんは一層感謝されたのである。もともと只見という土地に愛着を持ってきたわけではなかった。

しかし、住み着いていくにしたがって只見の人たちとの親密な交流が増していった。周りの人々の中に溶け込むのには時間がかからなかった。さらに広井さんの個性的なキャラクターはお年寄りから声をしきりにかけられるようになっていった。

広井さんは各地で、様々なボランティアを経験してきたが、ここでは団体には所属せずに、個人的にできるボランティアを行っているとのことだ。仲介役だった「たもかく」との縁はリフォームをしてもらったりして、お互いに協力し合っている。

そのうち、下宿人を置いてほしいと頼まれた。只見は今、越後への道路289号国道の工事が行われている。河井継之助も通ったという八十里越の道路建設である。冬季間を除いた六月から十一月までの工事関係者の下宿になったのである。元旅館だけあって、部屋は十分あって、とても役立っているようだ。

新しいコミュニケーションは居酒屋から

一方、町内の人たちとのコミュニケーションをはかる役割として、小さな「居酒屋」も開業した。暮れなずんでくると、三々五々集まってくる。座敷の方には「たも」の木の根元の所をくり抜いて囲炉裏にしたものが、デンと置かれてある、見事なものだ。直径約二mの大きなものである。この「たも」の木は、野球のバットの材料となる。地元の建設会社の社長が置いてくれたものである。

昔は、有名無名な人間が頻繁に扇屋本館を訪れた。現在は、昔とは異なる人たちだが、由緒あるこの建物に集まってくる。やはり、ここ扇屋本館は、只見には欠かせないコミュニケーションセンター的な役割を今も果たしている。それも館主たる広井トヨ子という存在を抜きにしては語れない。扇屋本館は再び生き返ろうとしている。

広井さんの夢は只見の自然を生かすこと

さらに、広井さんは夢を持っている。

只見の人は、ここは何にもないところだ、と卑下してよく言います。他所の者から見ると、ここは凄い宝物が一杯あります。それに気付こうとしないのですね。いくら人工的なものを造ってみても、そんなものは一過性に終わってしまうのです。

そんなものを造っても駄目、春夏秋冬それぞれの素晴らしい自然があるのです。そんな宝物に他所の人たちの見る目をぜひ悟ってほしいものですね。

私には夢があるのです。下宿人さんは数年後には工事が終わっていなくなります。そして、これからは定年退職者がどんどん増えてきます。私は短期の宿泊施設ではなく、長期滞在型の「田舎暮らし」「スローライフ」の場にしたい希望があるのですよ。

少なくとも半月とか一ヶ月は滞在し、只見の自然を始め、人情に触れてもらえればいいじゃありませんか。

浅草山、蒲生岳などいい山々が並んでいます。魅力ある川、魅力ある農業、林業などスローライフを体験することに事欠きませんよ。もっと自然を主にした只見の生活体験をじっくり味わってもらうようなおもてなしができたらいいなあ、なんて考えているのですよ。いいじゃありません？と目を生き生きして語られる。

アメリカの調査団への厚い「おもてなし」

想えば、昭和三十五年（一九六〇）十月六日、世紀の大事業、田子倉発電所の落成式が只見中学校で盛大に行われた。戦後間もなく只見川の電源開発は只見近辺も物凄いダム工事の烈風が吹き荒れていた。工事の怒号と喧騒は今もなお只見の人々の耳に残っているが、その面影さえ今は見つけられない。

只見川本流にダムを造る「本流案」と新潟県へ流す「分流案」とで激しく対立していた。その時アメリカのテネシー川開発を手がけた調査団がやって来た。その時受けた歓迎について、エリック・フローア、アントニン・レイモンの両氏は、帰国後、「只見川視察旅行中に受けた素晴らしい歓迎は世界中のどこに行っても得られないものだった」と手厚い礼状を扇屋本館の故菅家徳三郎さんに送られてきている。

この時の菅家さん始め只見の人たちの「おもてなし」は新聞にも取り上げられたぐらいだった。そして、この只見の「おもてなし」が評判となったのである。

これを機会に、昭和二十九年（一九五四）に「つばめ荘、扇屋本館」が旅館としてのスタートを切るのである。「つばめ荘」という名は、扇屋本館の建物の二重垂木に隙間なく並んだつばめの巣の見事な光景から名付けられたという。

いろいろな人たちが逗留していった。そんなわけで、「扇屋本館」は当時の大切なお客さんを泊める迎賓館的な役割を果たしていたと当時を知る人は言う。しかし、この歴史のある旅館も管理できなくなり、平成五年を最後に閉じられることになったのである。

広井トヨ子さんの人柄は只見の地に溶け込んでいる

只見の雪は、一階部分がすっぽりと埋まるくらい積もるが、広井さんはジッとしていられない。しきりに雪片付けに精を込めておられる。それでも今年は少なくていいという。扇屋本館の前には、持ち主だった三木トク子さんの義母、ミハルさんがつつましく酒と煙草の店を営んで暮らしておられる。広井さんとは家族のようなお付き合いをしている。

このような、広井トヨ子さんの地元の人たちとの交流ぶりを見ていると、やはり、その根底にあるのはこの家を建てた、菅家徳三郎さんの「おもてなし」の精神が流れていると見た。これからも、只見の「おもてなし」の心を受け継いでいく人がこの広井トヨ子さんなのだろうと思いつつ、厳冬の只見を後にした。


〈『会津人群像』14号〈平成21年刊〉所収〉

4　喜多方の煉瓦蔵

喜多方の煉瓦蔵は岩月小学校から

ここに一枚の写真がある。明治三十五年（一九〇二）に落成した岩月小学校の貴重な写真である。間口二十間、奥行五間、総二階建で、延二百坪の当時としては、大規模で華麗な校舎であった。地元の人たちはあまりの流麗さに花嫁さんが着飾ったようだったので、「花嫁学校」と呼んでいたという。

残念なことに昭和四十年代に取り壊されてしまった。外壁はすべて煉瓦で、その壁の上部にはアーチ状の窓に升格子のガラス戸が入っていた。内部は当時の木造校舎とまったく変わらなかった。

これが建てられるに当たっては、煉瓦を登り窯で焼いていた樋口市郎と、煉瓦積職人の田中又一、そしてこの時の大西茂吉校長等の力が大いにあったことは誰しもが認めるところである。さらに今まで見たこともない煉瓦造の学校を建てようとした岩月の人たちの進取の意識の高さも見逃せない。

樋口市郎と田中又一の功績

樋口市郎は、越後の安田の生まれ。瓦職の修業後、会津で瓦を焼くのに適した土を求めてきた。醸造業の若喜商店に職人として働きなが

旧岩月小学校東校舎（小荒井実氏提供）

ら適地を探していた。その頃、岩月の火付沢に瓦の原料となる土と燃料となる赤松林とを発見。三津谷集落の若菜家や若喜商店等の援助を受け、明治二十三年二十七歳の時に登り窯を築いた。

後、岩越鉄道敷設のための煉瓦造が要求されるようになる。鉄骨やコンクリートが手に入らない時には煉瓦はトンネルや鉄橋には必要なものだった。そんなわけで、樋口窯業は瓦屋から、煉瓦を大量に生産する工場へと変わっていったのである。

田中又一は明治十四年に岩月村の農家に生まれた。十三歳の時、煉瓦師の修業のため東京に修業に出かけた、深川の西川兼吉に四年間師事し、喜多方へ帰ってくる。積煉瓦にかけては仕事の鬼で寝食を忘れるほど研究熱心だったと長女の田中フミ子さんは言う。

煉瓦建造物は、煉瓦をただ単に積めばよいというわけにはいかない。その二人の技術が大いに発揮されたのは、明治三十五年に建てられた岩月小学校の建物だった。ここに喜多方の最初の煉瓦造の建物が出現したのである。

明治から大正にかけて煉瓦蔵ブーム

これを契機として煉瓦造と煉瓦積の二人とその弟子たちによって、喜多方には優れた煉瓦蔵が次々と造られるようになるのである。

明治十三年（一八八〇）の小荒井の大火は喜多方の蔵造りに拍車をかけることとなる。耐火建築としての蔵造りへと人々の関心を駆り立てていった。それは明治から大正初期にかけての頃だった。小荒井の寺、安勝寺も蔵造りの本堂を建てた。

その中でも、煉瓦蔵の建造は岩月小学校の建築後から顕著に表れてくる。町なかでは樋口市郎が世話になった若喜商店や、金田洋品店、吉川商店倉庫（元甲斐本店倉庫）、島三商店などが次々に建てられ、今にその面影を留めている。

若喜商店の煉瓦蔵

喜多方の煉瓦蔵は、明治三十七年（一九〇四）の若喜家座敷蔵が最初だという。今もなお、その流麗な面影は人々を魅了する。特にこの座敷蔵は一見しても素人には目立たない内装に金がかけてある。

一階はすべての木枠が黒柿の材で作られている。その縞模様のすばらしさは見事だ。ただし、蔵の内部は観光客がどっと押し寄せては傷みやすいので一般には公開されていない。しかし、この蔵に隣接している店内のガラス張りの陳列棚の前に立つと、センサーが作動し照明が点き、蔵の内部が眺められるようになっている。

二階は総欅の材である。これらの木材は冠木家七代目が長い年月をかけて集めた材である。また、東側のアーチ型の窓は個性的な形をしている。この座敷蔵で読書したり寝転んだりして、ゆったりした時間を過ごしていたという。あまり目立たないが、その内装への経費のかけ方は尋常ではない。

見事な三津谷の煉瓦蔵群

一方、喜多方の郊外に目を転じると、旧米沢街道沿いに蔵の集落として有名になった杉山集落がある。その約三㎞手前の脇道を入ったところに樋口窯業の登り窯が残っている。この窯は間口四・五m、奥行一

大正５年建築の珍しい三階建の煉瓦蔵（若喜商店）

八ｍで、登り窯に煙突が聳《そび》え立っているのは珍しい。市の重要有形民俗文化財に指定されている。そこから北に行くと三津谷集落がある。そこには立派な煉瓦蔵が誇らしげに建てられてある。

若菜正男さん宅には、明治四十三年に建てられた古い二階建の作業蔵がある。一時、ラーメン店とお土産店にと蔵を貸していたが、ラーメンを食べにくる団体さんに日常生活を覗き見られることが耐え切れなかったので今は貸していないという。この頃は煉瓦蔵を観賞したいという人たちが訪れていたが、現在は落ち着いてきたという。

前庭を囲むかのように四棟の煉瓦蔵が存在する。これは時間をかけて、明治から大正十年の間に建てられたものである。特に大正初期に建てられた三階蔵の道具蔵は威容を誇っている。訪れた大学生が煉瓦の数を丹念に数えたところ、四万二千五百あったという。三階は寝具や長持ちなどの調度品、一、二階には冠婚葬祭用の食器や道具が保管されている。その北側に隣接して座敷蔵（欅材の平屋）が付設されている。八畳間は隠居部屋として使い、次の六畳間は茶室として用いていた。

なお、平成十九年十一月三十日に「建造物の近代化に貢献した赤レンガ生産などの歩みを物語る近代産業群―若菜家煉瓦蔵」として経済産業省から認定されている。

若菜さんの分家の若菜徳さん宅にも三階建の煉瓦蔵がある。ここも作業場と道具入れになっている。北村悦子さんは『喜多方の煉瓦蔵』のなかで「ここの煉瓦蔵は外からは煉瓦組積造に見えるが、木骨煉瓦造で、軒先と壁のとりあいが土蔵造りに用いられる漆喰繰蛇腹でおさめられているものもある」という。そして「この煉瓦の壁を土壁に代えれば、これはそのまま土蔵である。これは、喜多方の優れた左官の技術が可能にした土蔵と煉瓦造の折衷と言ってもよい」と述べられているが、説得力がある。

「喜多方式木骨煉瓦造」を考案

この頃、加納村の与内畑鉱山が活気を呈し、そこで指導していたドイツ人技師がもたらしたといわれる「アーチ式建築」の技術は、この煉瓦蔵造に大きな影響を与えた。

北村悦子さんによると、「煉瓦造」は、「煉瓦組積造」「木骨煉瓦造」「腰張り煉瓦」の三種類があって、喜多方の煉瓦蔵の主流派は「木骨煉瓦造」であった。木造の骨組と煉瓦が分離してしまうので、木造の骨組みに煉瓦を深く食い込ませる「喜多方式木骨煉瓦造」を考案したという。（『喜多方の煉瓦蔵』）

このような煉瓦蔵が造られるようになったのには、この木骨煉瓦造の建物の内部が従来の木造建築や土蔵造の内部とあまり変わらなかったからだろう。その上、工費も工期も半分ほどで造れるという利点もあったからだという。

煉瓦や瓦は重い。昔の運搬方法では遠くへは運べない。そこで、それらを用いるには近くに窯場が必要になってくる。そのため近辺に大きな煉瓦の需要が見込まれないと成り立たない。ここではそれは、鉄道建設が大いにその役割を果たしてきた。しかし、今はセメント、コンクリートの製造によりその役目を閉じようとしていることは寂しい。

一つ一つの煉瓦の渋い色合い

しかし、喜多方の明治大正昭和にわたって煉瓦蔵を建築し、その誇らしい姿を見せてきた煉瓦蔵も、現存しているものが最後となるかもしれないという。

喜多方の煉瓦は決して派手なものではない。くすんだ赤褐色の渋い色合いと、規格品のようにまったく同じ色合を示さず、一つ一つの煉瓦をよく見ていくとそれぞれ個性的にみえる。それが手造りの渋味ある風格を出している。そして喜多方の風土と絡み合ってむしろ静かに輝いて見えるのである。

喜多方の煉瓦蔵を語る時、樋口市郎と田中又一の二人の技術者の名は決して忘れてはならない貴重な人物なのである。

（『会津人群像』11号〈平成20年刊〉所収）

参考資料

●北村悦子著『喜多方の煉瓦蔵』（喜多方煉瓦蔵保存会）
●伊藤豊松著『蔵のまち喜多方』（福島中央テレビ）
●喜多方市史編纂会『喜多方市史10文化編』（喜多方市）

5　蔵の写真家を育てたフミ夫人

須磨章さんとの運命的な出会い

喜多方の蔵を語る時、必ず出てくるのが金田實という人物である。そして、喜多方の文化を紐解くと必ず出会う人でもある。それは決して公的な歴史の中には現れてこないけれども、喜多方の文化を語ろうとすると絶対に見逃せない存在なのである。

彼はあくまで市民としてのポジションを絶対にくずさなかった。金田實という喜多方の写真家が蔵の写真を一生撮り続けながら、喜多方の市民文化を高めていったのである。そして、金田實ほど自由に思うままに振る舞った人はこの喜多方でもいなかったろう。

蔵の夢を見続けて、喜多方という町を全国にまで押し上げた一人の男として写真家金田實の存在を欠かすことはできない。それは、ＮＨＫの須磨章氏との運命的な出会いに始まる。「新日本紀行」の制作にしばしば喜多方を訪れた当時の郡山放送局の年若きディレクター、須磨章氏との深い付き合いは、金田が亡くなるまで続けられた。

ぶしつけの中に妙な温かみが…

その交流は、『蔵の夢』（三五館、一九九六刊行）のなかで、詳しく紹介されている。金田實についての特徴を須磨章氏が直接述べられているのを次に幾つか抜粋してみる。

―病弱でやせ細り、いつも棒タイにツイードのジャケットをはおる洒落者。

―私の番組作りに、時にはうっとうしいくらいに協力を惜しまなかった金田。

―金田の撮った写真からは「蔵を守ろう」「郷土愛」といった強いスローガンや汗の臭さは感じられない。

―くそ真面目で杓子定規的な考え方を好まない。

―ぶしつけな中に妙な温かみが感じられた。口は悪いが、うるさいくらいよく面倒をみてくれる。

―とにかく極端に神経質で、普通は妥協することも妥協しない。ひと口で言えばわがままなのだ。自分の見る目とずれていると、品物だろうが食べ物だろうが人だろうが、口癖になっていた「そりゃ駄目だ」とのひと言で切って捨ててしまう。しかしひとたび気に入ればトコトンかわいがる。

肺結核に罹り、俳句と写真に熱中

金田は大正四年、喜多方の洋品店の三男として生まれた。実家は当時、明治末期に建てられた、一きわ目立つ煉瓦造のハイカラな蔵の店であった。父はなかなかの教養人であった。長男は早稲田大学を出て弁護士、次男が家業を継いだ。

旧制喜多方中学校の四年生の時、肺結核に罹り中退して療養生活に入る。母親が懸命に看護する。その頃、父が置いていった一冊の俳誌によって俳句に熱中し、やや快方に向かう。末妹の寿美さんが女学生の時、友人たちとハイキングに行った。その折、實も一緒に行き、スナップ写真を撮ったのが彼の写真へ没頭するきっかけとなったという。

初めて写真店を開いたのが二十六歳で、病気になって十一年目のことだった。写真館とか写真店とかいうのが普通なのだが、彼は「写真荘」という名にこだわって、敢えて強情に使い続けた。

金田實の最高の理解者、フミ夫人

金田の周辺にいた人たちが異口同音にいうことは「フミ夫人がいて初めて金田實という人間が存在したのだ」ということである。目立たなかったが、フミ夫人の存在なくしては個性ある金田實の人生は形成さ

故金田實氏夫人フミ
（昭和44年頃）

れていかなかったであろう。

フミさんの家は金田實さんの家とは道路を隔てて、向かいの魚屋（乾物屋を兼ねた）であった。つまり幼馴染の間柄だった。旧制喜多方高等女学校の七回生で、卒業後、島新の和裁教室に通い、後、東京に行き、姉の家から外務省へ通い、和文タイピストとして勤めた。

戦時中、空襲に遭い喜多方に帰ってくる。戦後、安田銀行に勤務していたフミさんに若い時に一目ぼれして以来、思い思っていた實さんと結ばれるのは時間の問題であった。時に昭和二十三年、實三十五歳、フミ二十九歳であった。その時、フミさんは、實さんのことを若者がよく集まってきて年下の子の面倒をよく見る不思議な人と思っていたそうである。

自由に思うままに振る舞った人生を支える

今米寿を迎えようとしているフミさんが語る金田實の断片の幾つかを次にあげてみる。

普通の人でしたらグッとくる言葉も人徳でしょうか、何の抵抗も与えなかったんですよ。

教育には非常に熱心で、いつも先生の給料を上げげなければ立派な先生は育たないと口癖のように言ってました。

また、選挙の応援演説はリヤカーに乗ってメガホンでやってました。とにかく、好奇心の物凄く強い人でした。

気に入ったとなると、服の布が抜けるまで着ていました。背広はジャケットを一着か二着しか着ません。ネクタイは三本しかありませんでした。いいものはいい、飽きずにいつまでも使う人でした。食べたものは最後まで残さず食べました。ゆっくりといつも食べていました。骨董品が大好きで、よく旅行に行って気に入ると何時までも見ていました。本人は焼き物を焼いてみたかったようでした。

實さん夫妻には、二人の養子がいる。今、金田写真荘を継いでいる義男さん、命の番人ともいわれる北海道大学医学部（整形外科）の教授の清志さんである。身体が弱い金田さんとフミさんの間では、子供ができないことは暗黙の了解の中にあったようだ。

特別話し合うことなく、あっさりと自然の流れのままに最初から養子の事が決まるように宿命づけられているかのようにみえたのである。

金田のやることに一度もいやと言わなかったフミさん

写真荘の後を継いだ、義男さんの奥さんのトシ子さんは、義母のフミさんを心から褒めたたえて言う。

「お母さんは、朝起きると、お父さんといつでもどこにでも出かけられるように毎朝出かける準備をしていました。急に突然、どこどこに行くと言われてもまごつかないように、すぐに出かけられるように心がけていたようです。病状の悪化で札幌や仙台での大手術の時も数ヶ月間、一度も帰宅されず、いつも付いていて食事の献立、料理も自分で作り、献身的な看病なくして回復がなかったといっても過言ではないと思っております。また、退院の日に、先生に病状に対しての不安を話されたら、「命を拾われたのだから良かったと思って下さい」と言われたといいます。そして、お父さんの行動すべてを母は許しておりました。とても真似のできることではありません」

このように金田實という人間のそばに身を置いていたフミさんを、須磨章さんはしっかりと観ていた。

「私流に言わせると、〝病弱甘え〟である。よく自分は肺が一つしかない、肺活量は一三〇〇しかないんだ、と言っていた。その言い方は嘆いているのではなく、だからこそ自分のわがままは許されるのだ、というニュアンスなのだ。

その夫の甘えを奥さんは寛容に受け入れている。二人の様子は、昨日今日の出来合いのものではなく、長年の繰り返しの中で板についたものであることが、若い私にも良くわかった。この威張る夫と優しい妻という図式は見ていて反感を覚えたり、不愉快なものではなく、むしろほほえましく映ったものだった」（『蔵の夢』より）

と述べておられる。

この須磨さんにも喜多方を訪れる回数が多くなるにつれて、お嫁さんを世話したいという話が持ち上がってきた。須磨さんはその頃、同じＮＨＫのアナウンサー佳津江さんと結婚の約束をしていたらしい。慌てて須磨さんは結婚したのかどうか定かではないが、その後、佳津江さんに喜多方の蔵を見せにやってきて大善に一泊している。その時、大善では奥さんの佳津江さんにお祝いとしてピンクの牛地をさしあげている。今、ＮＨＫの深夜放送でアンカーとして活躍されている須磨佳津江さん、その人なのである。

目立たぬようにいつも世話をするフミ夫人

金田のところには、喜多方の文化人、粋人がよく集まっていた。セザンヌ・ピカソ・ロダン・マチスの頭文字をとって「セピロマ会」と名づけて大和川酒造の佐藤恒三氏を中心に奇抜な格好をしたりして、よく粋がっていた。

そして、その集まりの横には笑顔を絶やさず、静かに目立たぬように世話をしているフミ夫人の姿は「よく出来た人」というにふさわしい存在として人々の目には今も焼きついているのである。

ほのぼのとした看板の字

金田實が亡くなって十八年になる。彼の書いた「かねだ写真荘」の看板の字は何ともいえない味のあるほのぼのとした字である。東京からも、わざわざ金田實の写真を見るより字を見るのが好きだという奇抜な人もやってくるそうだ。

喜多方の墓地公園にある、自然石の彼の墓には「かねだ」という彼の筆跡だけが彫られている。この墓字こそ金田の人柄そのものを表しているようだ。思うままに生きてきた金田實の人生に少し羨望しながらいると「くだらないことを言って」とあの世から金田實の声が聞こえてくるようだ。

（『会津人群像』11号〈平成20年刊〉所収）

●参　考　須磨章著『蔵の夢』（三五館）

●取材協力　星　陽子氏

6　会津・下郷の寺院の扁額三つ

大悲殿　小野観音堂

会津下郷町の小野観音堂の正面に掲げられてある「大悲殿」の扁額は、「得明拝書」とあり、大らかで味のある筆致である。

得明は、南山御蔵入小出組の湯原村（現下郷町湯の上）の貧しい農家に生まれた。生年不詳、弥次右衛門の子という。幼い頃から利発な子で仏門に入って勉学することを勧められた。そこで、当村の板蔵山高福寺（曹洞宗）に入り、安永（一七七二〜八一）の頃にこの寺の住持となった。後、熱塩の示現寺の謙嶽秀禅に師事し、坂下の定林寺の住職を経て南青木の善龍寺の十一世住持となる。ここで寺の中興に力を尽くし、あの白亜の山門など伽藍を建立している。また、米四十七俵二斗を村方から差し出させ、それを「囲い米」として備蓄し、貧困の者が子を産んだ時に、産子養育米として支給することを奨励した。そのため、陰殺（間引）は少なくなりこの方法が領内で多く行われるようになった。

文化九年（一八一二）、得明は故郷の小野観音堂の再建に尽力する。「大悲殿小野観音堂」は丁度、小野岳の下腹部にあたる所にある。

この十一面観世音菩薩立像は昔から御利益のある観音として祭日には多くの参詣者が押し寄せてくる。特に「雨乞い」や「男女の縁結び」に御利益があるという。御蔵入三十三観音札所の十番札所となっている。「仏像は往古より深く秘して見ることを許さず、村民の持なり」（『新編会津風土記』）とある。「銅製鰐口」は「康暦三年（一三八一）二月十七日鋳造　石川村牧村善勝寺堂住大檀那広廣光」との刻印がある。面経一尺六寸（四十八㎝）、重さ一貫三百匁（四・九kg）で県の重要文化財に指定されている。

観音堂は唐様禅宗様、円柱で三間四方の寄棟造で、町指定文化財である。ここには、彩色の「古絵馬」が二面保存されている。一面は縦五十二㎝、横二十七㎝の木板に美人を描いたものである。元禄十六年（一七〇三）六月二十二日に水抜村の猪股氏が奉納したものと書かれてある。もう一面はやや小幅で、腰鼓を叩いて舞う女人が描かれてある。これも、下郷町の指定文化財となっている。

なお、この観音堂は、弥五島の満願寺の眷属仏堂で、万願寺は田島の徳昌寺の兼務寺になっている。

高倉山　松菴寺　妙樓觀

下郷町の栄富にある松菴寺には三面の扁額が飾ってある。正面の入口にあるのが、「松菴寺」の寺号、中に入るとその正面に「高倉山」の山号が掲げられてある。さらにその内陣の入口に「妙樓觀」の扁額が掲げてあって、見事な筆体でそれぞれに趣がある。その中で、「高倉山」の山号は、山岡鐵舟の書で、明治十八年四月に書いたものである。

ここ倉谷の集落は下野街道の宿駅として繁栄した所である。よく見ると、家の縁側はみな高構えになっていて、家毎に屋号がついている。そのなかでも「大黒屋」の猪股伝平氏は麻の取り引きで江戸から明治にかけて江戸との往還に忙しかった。

その折、山岡鐵太郎と非常に親しくしていたので、時の住職の十五世禅光が伝平氏に依頼して寺の山号を書いてもらったものである。「正四位山岡鐵太郎謹書」とあり、その書を額にして檀家連中が寄進したと書かれてある。

それは鐵舟が明治二十一年に亡くなる三年前の出来事だった。その原本は大黒屋の猪股正嗣氏宅で保存されてあるという。

寺号の「松菴寺」の筆はよく読めないが、舟という字が微かに現れている。こちらの方は時代が古い。「妙樓觀」は署名がなく印判もはっきりしないので、誰の筆か不明である。しかし、この三つの扁額は三者とも個性ある筆で、その趣は捨てがたい。

高倉山松菴寺は寛文七年、田島・徳昌寺の二世雪翁壽尊の開山。欄間の彫刻や絵はきれいに保存されているが、その作者はわからない。

盂蘭盆になると、万燈供養が行われる。八月十三日には前年用いた角型の提灯を張り替え、山門から寺まで約百個の燈火を点灯する。派手さはないが、素朴な山里を背景にしてなかなか郷愁を誘うものがある。

圓福寺

古い宿駅の楢原の古刹、圓福寺の本堂の扁額は会津の有名な書家、星研堂の筆によるものである。

この扁額は七十年間、日の目を見なかったが、昭和十一年七月に壇信徒の手によってようやく完成されたものである。

この扁額の由来については、前住職、信山俊彰筆の『圓福寺扁額の由来巻物』（圓福寺本堂改修工事落慶記念誌）が残されている。研堂の弟子、湯田研山の玄孫の湯田千秋氏が要約したものを次にあげる。

当寺（圓福寺）の扁額の由来は久しい。慶応二年松平容保公の祐筆（書記）星研堂が当駅（楢原宿）に住んでいた門人の湯田研山宅に来遊された。当寺に扁額のないのを遺憾に思っていた研山は、師（研堂）に懇願し機縁が熟してようやく額字を書いて頂いた。その後、額字を知る人はいなくなり七十年間も旧蔵（楢原、山形屋の土蔵）に埋もれていた。

研山の曾孫、湯田宇介氏（湯田千秋氏の父）が土蔵を整理中に額字遺稿の存することを知り圓福寺に寄贈した。

扁額の製作について度々壇頭会に語り賛同を得た。数年来の凶作にもかかわらず、檀越者（仏門に金品を施す信者）が浄財を寄進し、会津若松市の彫刻師、上田善助氏により、遂に大願が成就した。

昭和十一年　　信山俊彰

（要約・湯田千秋）

このように扁額の由来については先代住職の俊彰師が書き残された巻物によってその事情がよくわかる。

圓福寺は嘉祥元年（八四八）、天台宗慈覚大師円仁により寺窪後に開山され、以後この地に移転した。若松の延壽寺の末寺であったが、明治になって比叡山延暦寺の直末となった。

本尊は阿弥陀三尊で、「木造聖観世音菩薩坐像」（町指定文化財）や道服を着けて憤怒の相をなす「閻魔大王」等は勝れた仏像である。

なお、寛永十七年（一六四〇）の「楢原宿の絵図」や「紙本着色胎蔵金剛界曼荼羅」が寺宝として残されている。なお、若松の材木町の星野家はこの寺との関係が深い。

（『歴史春秋』76号〈平成24年刊〉所収）

7 「会津人とは」を追い求めて

「会津人とは」「会津とは」という歴史春秋社の阿部隆一社長の、自他への問いかけから、この雑誌の企画が始められた。活字文化が今、冬の時代とも言われる中で、敢えて挑戦しようとした、その阿部君の心の内には、頑固で一徹なまで「会津人を追い求める姿勢」が執念としてくすぶり続けていたのである。

そこで、地方の出版社が生き残れるために懸命に努力を重ねてきた。阿部君のこの挑戦に、同級生の私も共感をおぼえ、『季刊・会津人群像』の企画、編集の手伝いをすることになったのである。

無名の人々の行動や生き方

この雑誌は「文化は人が創る」「歴史とは、その時代に生きた人々との語り合い」にあるということを企画編集の基底とした。そして、「会津からの発信」はもとより「会津への発信」をも重視した。会津人自身が我が自画像を描く一方で、会津は外からどう見られているか、ということによって会津の特性を求めようとした。

或る事件や事柄を捉えるにしても、そこに関わった人間の行動を描くことによって、会津人の真実に迫ろうとした、というのがこの雑誌のスタンスなのである。そのためには、執筆者の個性がにじみ出るようにと心がけた。また、どうしても文章を書いていただけない場合には、聞き取りによって、その話者の人間味が現れることに意を注ぐことにした。

有名な方々は勿論、無名の人々の行動や、生き方を数多く発掘していくことにも力を入れることにした。

ところが、予想通りなのか、意外なのか、判断が分かれる所だが、会津の人はなかなか表舞台に出ることを拒絶する傾向が強い。

もっと努力して会津人でもあまり気づかない人物や事柄を表舞台にひっぱり出さねばならないと痛感した。そして、人物の背景となる風景や風物を取り上げるが、単なる観光の情報や案内にならないように十分注意することに心がけた。

さまざまな会津人の姿

具体例を若干述べてみたい。創刊号の最初に「会津人の倫理観、今と昔」を特集として持ってきた。巷間、よく言われる「ならぬことはならぬ」を取り上げてみた。元会津史談会長の畑敬之助氏に掘り下げてもらった。ＣＭにも出てくる「会津の人は頑固だからなし」という頑固さが会津人の基調をなしていると思われるからである。

会津の人々にもあまり知られていない座頭市のモデルのことや、新撰組の斎藤一の秘話、会津藩祖、保科正之の命の母ともいう、見性院のことなど、会津の歴史上の人物にも多く登場してもらった。また、会津の出身者でつくられている各地の「会津人会」のグループに関する記事も、その主な人物とともに紹介した。

昔懐かしい分校や廃校についてもその実状も述べてみた。会津若松市立共和小学校を語るにしても、そこにまつわる物語になるような人物を見つけるように意を用いた。その結果、荒川洋一さんを発見し、「廃校記念コケシ物語」へと発展して行ったのである。

この話は最初、地元で廃校になった記念に校舎の木材を使用して何か記念になるものを残そうとした。その結果、校舎の廃材で〈コケシ〉を作って、共和地区全戸に記念として配付するという事業になっていったのである。そして、荒川さんは百三十七点のコケシを心を込めて作って配ったという話になったのである。

一方、地域づくりとしては「生きぬくための知恵」と題して、〈モノづくり〉で町おこしを成し遂げた三島町を取り上げた。ここでもその発案者の斎藤茂樹町長と広報員の遠藤由美子さん、そして、生活工芸館副館長の五十嵐三美氏等にスポットを当て、その運動の根っこに触れようとした。

桜を植える人々への感動

第二号の出る頃は桜の季節である。そこで、特集として「会津の桜にであって」を企画したが、どうもありふれて面白くない。桜花を見て「きれいだ」と述べるだけでは面白くもない。そこで、桜を植えた人たちに目を向けてみようとした。つまり「植える」という仕事の苦労話がないか、と探したところ、喜多方市の富山昭次さんたちのグループを発見、そこでその行動ぶりを紹介することにした。

さらに、どこの学校にも必ず桜の木は植えてある。卒業生は懐かしい思い出を一つ二つは持っているはずだ。そこで、学校と桜の関係を取り上げてみた。さらに、何十年も桜を追い続けている無名の写真好きな人の姿をも追っかけてみた。

地域の文化を育てる力

寒い時期に若松の市内を、ザックを背負った年配の夫婦たちの旅姿を見かける。楽しそうに歩いている姿は観光シーズンには見かけられない心豊かな旅人の姿だ。それにつけても、会津の人はこの訪問者ほど自分のテリトリー以外に、会津の地を歩いてはいない。

《大阪人》の編集人、北村稔さんは「ほんまの魅力は街歩きから」と観光地や繁華街でない所を歩くべきだ、と示唆している。また「一地域の細部情報に徹底的にこだわることで全体像を伝える」編集方針を採り続けている地方情報誌『かがり火』の編集人の菅原歓一さんの行き方も参考になった。「地方のマイナス部分も取り上げろ」との要望も届くが「地方の暗い面を切り刻むことは、雑誌の役割とは思わない」「アラ探しやゴシップだけでは文化は育たない」という菅原さんの考えに同感である。

雑誌『東京人』が一九八六年に創刊して平成十六年（二〇〇四）の三月号で、二〇〇号を迎えた。東京の魅力を再発見するという目標は、地方の我々にも大いに刺激を与えた。それぞれの地域にはそれぞれの文化がある。そこにはそれを育てようとした有名無名の人たちの力があったはずである。その点、会津は話題に事欠かないし、有難いことに会津のファンがたくさんいてくれる。

最後に阿部社長は創刊号の編集後記で、次のように述べている。

会津人は不思議だと思います。いいにつけ、悪いにつけ、特別な味が出てくる、それが会津人だと思うのです。そして、日本国中には会津に関する物語や、秘話、伝記など話題が絶えません。いろいろ、歴史の中に埋もれている史実が多く存在しているのです。そうした話題をこの『会津人群像』の編集を重ねて世に送り出して行きたいと思っております。

（『文化福島』385号〈平成16年5月刊〉所収）

8 「畸人」たちとのお付き合い

「畸人」という言葉が好きである。この言葉ほど受け取る人によって理解が異なる。「奇人」というと、その意味が狭くなるが、「畸人」の方は、人によって意義が広まるのである。

では、私にとっての「畸人」とはどんな人なのか、ただ単なる「変わりもの」ということではない。それは、その性格、行動が変わっているだけでなく、敬意とか、興味とかいう情意が込められるものでなくてはならない。

そこで、郷土史研究の仲間たちの中から、もっとも「畸人」にふさわしい者を二、三人取り上げみた。また、番外編として、紅一点も述べてみた。

川原太郎

体躯やや肥満、胴長。見かけは堂々として、声は太く大きい。それでいて、動作は敏速で、神経が細やか、よく気が回る。根っからの会津人ではないけれど、会津に関する知識は会津人の識者以上に豊富だ。

彼と初めて会ったのは、そんなに古いことではない。前の会津図書館で、斎藤和節の『耳目集』をコピーしている時だった。今から二十年ほど前のことだ。その時、彼も『家世實記』を調べていたようだった。何か大きな声を出して係員と話をしていた。その動作・声量に圧倒された。

後で、会津史学会で一緒になった時、川原太郎という人物だとわかった。彼ほど、つき合いのいい者はいないと知人たちは言う。そのうち、彼は会津の寺院に関心を持ち、私の周囲に出没するようになる。

故人となった金田實会長から史実などを教えられたりしているうちに、『会津風土記（会津高田編）』百九十頁の大作を平成二十三年（二〇一一）に発刊した。その時「太郎さんに先を越されたなア」と、思った。しかし、彼の風貌とは異質の、足を運んで書いた細密なこの風土記は、今後、大いに役立つだろう。

そんなわけで、会津高田郷土史研究会に入会してもらって、古文書解読会の講師として現在まで勤めてもらっている。特に、例会には今まで一度も休講したことがない、まさに畸人たる第一人者である。病弱な奥方をいたわりつつ、続けて頂いていることには、自然と頭が下がる。

特に、会津史学会では、彼は実のある研修旅行を計画してくれていた。まず、企画立案の面ではその能力を大いに発揮していた。そして、時間の許す限り、わざわざ現場に行って下調べをして、関係者と渡りを付けているのだ。

彼ほど、このように見事な研修旅行の準備をした者は今までいなかった。参加した会員たちからは満足の言葉がいつも出ていた。確かに並の添乗員やガイド顔負けの説明ぶりには皆、魅了されていた。それも、周到に準備した行動が裏付けされていたからこそ、彼の豊富な知識と行動力によって期待に応えたものだった。

彼はよく言う。「オレは東京生まれの会津人だ」と。しかしだんだん歳とともに「オレは会津人でない会津人だ」とも言っている。最近、特に「会津人たる」ことを意識しているようだ。彼こそ会津をこよなく愛す「畸人」なのだ。その点、会津育ちの拙者でも会津のことに関しては、一歩も二歩も譲らねばならないこともあり、ムカッとすることもあるが、その学識には、時々たじたじとなることもある。まさに第一級の会津の「畸人」なのである。

間島勲

背高く姿勢すこぶるよし。澄んだ声量も近頃落つ。酒大いに嗜む。酒焼けした浅黒き容貌。女形のような所作。見事なほどの愛妻家。

彼との出会いは、歴史春秋社の阿部社長が『会津の寺』の出版の時、元会津図書館長の野口信一、滝沢洋之会津民俗研究会長と私の四人で若松の寺々を分担して書いた時であった。彼のことは、高校生の時から極めてその「畸人」ぶりは耳にしていた。会ってみたところ、予想と反してとても紳士的で、極めて普通の人物のように思えた。

しかし、彼は、高校生の時に、若松市内のほとんどのお墓を訪れていたのだ。高校生でありながら寺のお墓をしつこく見て歩き回るとは奇妙なことだった。しかし、間島少年は、周囲からはあきれ返られていたが、本人は、得々してあたりの者たちの目も物ともせずに、コツコツと励んでいたのである。「あいつは今に僧侶となるのか」と、先生方も不思議に思っていたそうだ。まさに「畸人」たるや面目躍如たるものがあった。

後で聞いてみると、会津の歴史や武士のことを調べるには武士の墓所を調べるのが最も必要だと考えたので、暇を見つけては若松中の墓を訪れていたという。

就職してからも、墓所回りが本格的になり、会津の歴史、特に会津の武芸者の研究にのめり込んでいった。四十歳も中ばを過ぎると、病膏肓となり、県職員を退職してまで、会津の歴史の研究に没頭していった。

しかし、その時、彼には財産があって、余裕があったわけでもない。だから職を辞してから生活に苦労することは明らかなことだった。ところが、彼は、安寧な道を取らなかった。職に就きながら自分の研究を続けることの難しさを痛感して、潔く県職員の職から離れることを決心した。退職の挨拶にやってきた時は、何か生き生きとした燃えるような顔がとても印象的だった。私はその時、彼の希望を許した奥さんの偉さに脱帽した。さすが「畸人」の妻だと心をうたれた。

彼の研究の跡を辿ってみると、歴史に登場してくる人物に異常なほど関心を持ち続け、平成八年（一九九六）には、新人物往来社から『全国諸藩　剣豪人名事典』三百九十三頁もする大著をついに出すまでになった。独学で、しかも職を辞してまで、のめり込むという、間島勲の行為は、まさに、会津の「畸人伝」に名を残す一人であろう。

滝沢洋之

会津・金山の横田の出。我が古い教え子。授業中決して笑ったことなし。俳優の小林稔侍に似たる容貌（我が家内の言）。舞茸《まいたけ》採りがすこぶる上手。

彼は高校生時代から、生真面目過ぎるほどの固い男だった。「クソ」がつくほどの勉強家だった。しかし、歳と共に多様な考え方に変わり好奇心も強くなった。あの頑固な生徒がこれほどの行動力があるとは思わなかった。私が、或る高校で勤務していた時、彼と一緒になった。

その時、郷土の古文書を解読しようといって、数人で彼に教えてもらったことがあった。その時、彼の物凄い吸収力にはびっくりした。その幅広い知識と行動力とを高め、様々な分野に手を出していた。あの頑固な、融通のきかない堅物がこんなに変化するとは驚きであった。

なお、会津高校勤務の時には、大きな仕事を成し遂げている。それは、彼が会津高校学而出版委員会の顧問をしていた。丁度年号が変わって平成元年になった時だった。『学而雑誌復刻版』全八巻を刊行した。当時の栗村道彦、星野俊一両校長の励ましにより、幾多の反対を押し切って完成させたのである。彼のしつこく、粘り強い言動により、あきれ返ってしまうことがしばしばだったという。

『学而会雑誌』は、明治三十五年四月に創刊されて、昭和六十三年の八十号までの総ての復刻版八冊（限定版三百組）は会津高校の歴史は勿論、明治以来の会津の文化と歴史とを探る縁ともなったのだ。あまりの強引さに不満や反感を持たれていたが、将来、その功績は大いに伝えられることだろう。

また、終戦後、物資不足で十年ほど休刊のままだったが、その間、その役目を補ったのが、「会津高校学而新聞」だった。その複製版を作成したのも彼だった。その時も抵抗があり、資料の探索に苦労してようやく作成したのだが、今になれば貴重な資料として残っている。少し軌道からはずれたところもあるが、その粘り強いところは「畸人」にふさわしい。

彼が民俗学に関心を持ったのは、故山口弥一郎博士が会津民俗研究会をたちあげた頃だった。それは、昭和四十五年五月十七日のことだった。その時、彼は山口氏の影響で真っ先に入会している。その頃の会員は既に鬼籍に入り、滝沢しか残っていない。まさに、今や会津の民俗会の重責を背負っているのだ。

こんな彼も安らぐ時がある。家の裏には家庭菜園があり、季節のものを作っている。堆肥を作り、本格的な有機農業を営んでいる。夫婦そろって老後を楽しんでいるようだ。

亀倉（佐竹）加久子

早口。しゃべり出すと止まらず、電話でいつも四十分は喋り捲る。素早い行動家。無駄な肉なし。若い時から婆さん方にモテモテ。跳ね返るような達筆家。

彼女の持ち味は、《行動力》と《おしゃべり力》だ。高校時代、私が、南会津の山と民俗に興味を持つ者たちの集まりである「南会津山の会」の事務局の仕事をした時、その集まりに関心を示していた彼女は、会報刊行にいろいろ手伝いをしてくれていた。

その関係で、彼女は、東洋大に入って、大島建彦教授の指導を受け、さらに民間信仰などに熱を上げてきた。その後、角川書店の編集などをしていたが、「宮城きりこ調査会」が組織され、その手伝いをしていた。その報告書の「あとがきにかえて」の中に、彼女の特質がよく現れているところがあるので、少し長いが引用してみる。

昭和六十三年のことでした。当時勤務していた宮城県神社庁で、一本の電話を受けました。亀倉さんという研究者から「宮城県神社庁が昭和四十七年に発行したきりこ写真集」の写真転載の許可を願う電話でした。正式には「転載許可願いの書面を出してください」と言うべきところでしょうが、真摯で確信に満ちた語り口に、「学術的な内容でしたら結構でしょう」と口頭で即答してしまいました。その時、論文の載った雑誌『民具マンスリー』が送られてきて研究対象として「きりこ・ご幣」をあらためて知ったしだいです。亀倉加久子さんは、不思議な人で、広汎な知見と多彩な人脈を持ち、その言葉は、古代のヒミコの託宣のように強い感化力に満ちています。〈中略〉この本の刊行への道程も彼女のアドバイスと力添えなくしてはあり得なかったことです。

この中に彼女の行動力と誘引力の特色がよく出ていると思う。特に、「その言葉は、古代のヒミコの託宣のように」の所は、まさに彼女の「畸人」いや「畸女」の面目躍如と言えよう。彼女の話の誘導の仕方は、実に素晴らしく、その巧みな言動の持ち主であることは、彼女に接した老女たちの心を引き付けていた。その後、いつの間にか結婚していたが、結婚しても彼女の行動は、さらに輪をかけて全国各地に飛び跳ねるようになった。しかし、彼女が車を運転できないことはまさに僥倖であったろう。車の免許を以て各地を飛び回っては、〈女畸人〉ぶりが発揮されて周りの人間の心配を引き起こしていたに違いない。

最近は青森に迄行って彼女のライフワークを成し遂げようとしている。彼女の特質は、表面に出て行動することなく、言うなれば、マネージメントかプロデュースの役割をこなしていることだ。しかし、先頭に立って号令する役ではなく、あくまで裏方に徹底しているので、少しは表面に出て今までの「加久子の全仕事」と言ったものをまとめてみたら、と言うが、言うことを聞いてくれない。

機関銃のようなお喋りで、得々と我が道を行く加久子は、まさに「畸人」いや「畸女」と称して良いだろう。（以上敬称略）

◆会津の文化財一覧

指定年月日	名称	種別	所在地	所有者
1．国指定重要文化財				
昭和27年3月29日（大正10年4月30日）	一字蓮台法華経開結共（巻第六欠）	国宝（書跡）	会津美里町	龍興寺
平成8年6月7日（明治36年4月15日）	木造薬師如来及両脇侍像	国宝（彫刻）	湯川村	勝常寺
昭和35年6月1日	尾瀬	特別天然記念物	桧枝岐村	国
大正4年3月26日	木造千手観音立像	重文（彫刻）	会津坂下町	恵隆寺
大正4年3月26日	紙本著色蒲生氏郷像	重文（絵画）	会津若松市	西光寺
大正6年4月5日	奥之院弁天堂	重文（建造物）	柳津町	奥之院
大正9年8月16日	木造薬師如来坐像	重文（彫刻）	会津坂下町	浄泉寺
大正9年8月16日	厨子入木造蘆名盛氏坐像	重文（彫刻）	会津若松市	宗英寺
明治36年4月15日	木造十一面観音立像	重文（彫刻）	湯川村	勝常寺
明治36年4月15日 昭和38年2月13日	延命寺地蔵堂	重文（建造物）	会津若松市	延命寺
明治37年2月18日	常福院薬師堂	重文（建造物）	会津美里町	常福院
明治37年2月18日	恵隆寺観音堂	重文（建造物）	会津坂下町	恵隆寺
明治37年2月18日 昭和38年2月13日	八葉寺阿弥陀堂	重文（建造物）	会津若松市	八葉寺
昭和2年4月25日	木造地蔵菩薩立像	重文（彫刻）	湯川村	勝常寺
昭和2年4月25日	木造四天王立像	重文（彫刻）	湯川村	勝常寺

昭和2年4月25日	木造聖観音立像	重文（彫刻）	湯川村	勝常寺
昭和3年3月24日	赤井谷地沼野植物群落	天然記念物	会津若松市	国
昭和3年4月4日	銅造十一面観音及脇侍不動明王地蔵菩薩立像	重文（彫刻）	会津美里町	弘安寺
昭和3年4月4日	木造薬師如来坐像	重文（彫刻）	喜多方市	中善寺
昭和4年4月6日	木造地蔵菩薩立像	重文（彫刻）	湯川村	勝常寺
昭和4年4月6日	木造天部立像（伝虚空蔵菩薩像）	重文（彫刻）	湯川村	勝常寺
昭和4年4月6日	銅造阿弥陀如来及び両脇侍立像	重文（彫刻）	会津美里町	法幢寺
昭和4年4月6日	木造阿弥陀如来及両脇侍坐像	重文（彫刻）	喜多方市	願成寺
昭和4年4月6日	塔寺八幡宮長帳	重文（書跡）	会津坂下町	心清水八幡神社
昭和7年10月19日	会津松平氏庭園	名勝	会津若松市	会津若松市
昭和9年12月28日	若松城跡	史跡	会津若松市	会津若松市
昭和10年12月24日	猪苗代湖ミズスギゴケ群落	天然記念物	猪苗代町	国（猪苗代町）
昭和11年5月6日	太刀（銘吉房）	重文（工芸品）	猪苗代町	土津神社
昭和15年7月12日	柳津ウグイ生息地	天然記念物	柳津町	国（柳津町）
昭和16年1月27日	高瀬の大木（ケヤキ）	天然記念物	会津若松市	高瀬区（会津若松市）
昭和16年7月3日	朱漆金銅装神輿	重文（工芸品）	会津美里町	伊佐須美神社
昭和16年10月3日	見祢の大石	天然記念物	猪苗代町	国（猪苗代町）
昭和18年8月24日	塔のヘツリ	天然記念物	下郷町	国（下郷町）
昭和32年10月30日	雄国沼湿原植物群落	天然記念物	北塩原村	国（北塩原村）
昭和34年6月27日	白銅三鈷杵	重文（工芸品）	磐梯町	恵日寺
昭和34年6月27日	金銅双竜双鳥文磬	重文（工芸品）	会津若松市	金剛寺
昭和34年12月18日	鰐口	重文（工芸品）	会津坂下町	心清水八幡神社

昭和34年12月18日	銅鉢	重文（工芸品）	喜多方市	熊野神社
昭和35年6月9日	刺繍阿弥陀名号掛幅	重文（工芸品）	会津若松市	阿弥陀寺
昭和35年6月9日	椿彫木彩漆笈	重文（工芸品）	喜多方市	示現寺
昭和35年6月9日	木造金剛力士立像	重文（彫刻）	会津美里町	法用寺
昭和35年6月9日	観音堂	重文（建造物）	下郷町	旭田寺
昭和35年6月9日	弘安寺旧観音堂厨子	重文（建造物）	会津美里町	弘安寺
昭和35年6月9日	法用寺本堂内厨子及び仏壇	重文（建造物）	会津美里町	法用寺
明治36年4月15日 昭和38年2月13日	勝常寺薬師堂	重文（建造物）	湯川村	勝常寺
昭和38年7月1日	成法寺観音堂	重文（建造物）	只見町	成法寺
昭和38年7月1日	熊野神社長床	重文（建造物）	喜多方市	熊野神社
昭和39年5月26日	椿彫木彩漆笈	重文（工芸品）	会津若松市	福島県
昭和39年6月27日	中山風穴地特殊植物群落	天然記念物	下郷町	—
昭和41年8月5日	円満寺観音堂	重文（建造物）	西会津町	円満寺
昭和45年3月16日	旧滝沢本陣	史跡	会津若松市	—
昭和45年12月4日	慧日寺跡	史跡	磐梯町	磐梯町ほか
昭和45年12月28日	駒止湿原	天然記念物	昭和村 南会津町	国・昭和村・南会津町
昭和46年3月11日	旧五十嵐家住宅	重文（建造物）	会津坂下町	会津坂下町
昭和46年3月11日	旧滝沢本陣横山家住宅　主屋・座敷	重文（建造物）	会津若松市	個人
昭和47年2月9日	猪苗代湖のハクチョウおよびその渡来地	天然記念物	猪苗代湖北岸	国（猪苗代町）
昭和47年5月15日	旧五十嵐家住宅	重文（建造物）	只見町	只見町
昭和47年5月26日	大塚山古墳	史跡	会津若松市	会津若松市

昭和51年5月6日	亀ケ森・鎮守森古墳	史跡	会津坂下町	会津坂下町ほか
昭和51年8月23日	桧枝岐の舞台	重要有形民俗文化財	桧枝岐村	桧枝岐村
昭和51年8月23日	大桃の舞台	重要有形民俗文化財	南会津町	個人
昭和52年1月28日	旧馬場家住宅	重文（建造物）	猪苗代町	財）会津民俗館
昭和52年6月11日	会津大塚山古墳出土品	重文（考古資料）	会津若松市	会津若松市
昭和54年2月3日	福生寺観音堂	重文（建造物）	会津美里町	福生寺
昭和54年2月3日	天鏡閣　本館・別館・表門	重文（建造物）	猪苗代町	福島県
昭和54年5月21日	会津の製蝋用具及び蝋釜屋	重要有形民俗文化財	猪苗代町	（財）会津民俗館
昭和56年1月21日	田島祇園祭のおとうや行事	重要無形民俗文化財	南会津町	田島祇園祭のおとうや行事保存会
昭和56年4月18日	下郷町大内宿伝統的建造物群保存地区	重要伝統的建造物群	下郷町	―
昭和56年4月22日	八葉寺奉納小型納骨塔婆及び納骨器	重要有形民俗文化財	会津若松市	八葉寺
昭和57年4月21日 平成2年3月29日	奥会津の山村生産用具及び民家（馬宿）	重要有形民俗文化財	南会津町	南会津町
昭和57年6月11日	勝福寺観音堂	重文（建造物）	喜多方市	勝福寺
昭和62年5月12日	会津藩主松平家墓所	史跡	会津若松市 猪苗代町	会津若松市 土津神社
平成元年6月12日	大刀切刃造	重文（工芸品）	会津若松市	個人
平成元年6月12日	大刀切刃造	重文（工芸品）	会津若松市	個人
平成元年6月12日	大刀鎬造	重文（工芸品）	会津若松市	個人
平成元年6月12日	大刀鎬造	重文（工芸品）	会津若松市	個人
平成元年6月12日	大刀鋒両刃造	重文（工芸品）	会津若松市	個人
平成3年6月21日	絹本著色阿弥陀二十五菩薩来迎図	重文（絵画）	会津若松市	福島県

平成3年11月16日	からむし（苧麻）生産・苧引き	選定保存技術	昭和村	からむし技術保存団体
平成7年6月27日	旧正宗寺三匝堂	重文（建造物）	会津若松市	個人
平成11年5月13日	旧高松宮翁島別邸（福島県迎賓館）居間棟・玄関棟・台所棟	重文（建造物）	猪苗代町	福島県
平成12年12月4日	古屋敷遺跡	史跡	喜多方市	喜多方市
平成13年8月7日	向羽黒山城跡	史跡	会津美里町	会津美里町ほか
平成14年3月19日	下野街道	史跡	下郷町	下郷町ほか
平成15年2月20日	会津只見の生産用具と仕事着コレクション	重要有形民俗文化財	只見町	只見町
平成19年6月8日	木造吉祥天立像	重文（彫刻）	会津美里町	個人
平成19年7月26日	陣が峯城跡	史跡	会津坂下町	会津坂下町ほか
平成20年3月13日	三島のサイノカミ	重要無形民俗文化財	三島町	三島町年中行事保存会
平成21年7月23日	会津新宮城跡	史跡	喜多方市	喜多方市
平成23年3月9日	会津のからむし生産用具と製品	重要有形民俗文化財	昭和村	昭和村
平成23年6月20日	南会津町前沢伝統的建造物群保存地区	重要伝統的建造物群	南会津町	前沢区
平成30年8月17日	喜多方市小田付伝統的建造物群保存地区	重要伝統的建造物群	喜多方市	―
平成30年10月31日	荒屋敷遺跡出土品	重文（考古資料）	三島町 会津若松市	三島町
平成31年3月28日	会津の御田植祭	重要無形民俗文化財	喜多方市 会津美里町	慶徳稲荷神社お田植まつり保存会、御田植祭祭典委員会

2．県指定重要文化財

指定年月日	名称	種別	所在地	所有者
昭和28年10月1日	紙本著色千葉妙見寺縁起	重文（絵画）	会津若松市	歓喜寺
昭和28年10月1日	紙本著色両界種子曼荼羅	重文（絵画）	会津若松市	大聖寺
昭和28年10月1日	木造不動明王立像	重文（彫刻）	喜多方市	勝福寺
昭和28年10月1日	木造大日如来坐像	重文（彫刻）	喜多方市	泉福寺
昭和28年10月1日	鉄製注連（伝）	重文（工芸品）	会津若松市	諏訪神社
昭和28年10月1日	鉄鉢	重文（工芸品）	会津坂下町	心清水八幡神社
昭和28年10月1日	木造狛犬	重文（工芸品）	会津美里町	伊佐須美神社
昭和28年10月1日	田村山古墳出土品	重文（考古資料）	会津若松市	田村山区
昭和28年10月1日	福島信夫山出土品	重文（考古資料）	会津若松市	福島県
昭和28年10月1日	古町の大イチョウ	天然記念物	南会津町	南会津町
昭和28年10月1日 平成7年3月31日	熊野山牛王宝印版木および宝珠	重文（工芸品）	喜多方市	熊野神社
昭和30年2月4日	木造如意輪観音坐像	重文（彫刻）	喜多方市	観音寺
昭和30年2月4日	木造聖観音菩薩坐像	重文（彫刻）	只見町	成法寺護持会
昭和30年2月4日	木造扁額「融通寺」	重文（工芸品）	会津若松市	融通寺
昭和30年2月4日	鉄製釣燈籠	重文（工芸品）	下郷町	万願寺
昭和30年2月4日	紙本墨書田植歌	重文（書跡）	磐梯町	恵日寺
昭和30年2月4日	安達太良山 ヤエハクサンシャクナゲ自生地	天然記念物	福島市ほか 二本松市ほか 猪苗代町ほか	国
昭和30年12月27日	木造毘沙門天立像	重文（彫刻）	喜多方市	勝福寺
昭和30年12月27日	太刀　銘　国宗	重文（工芸品）	会津若松市	個人
昭和30年12月27日	太刀　銘　陸奥大掾三善長道	重文（工芸品）	猪苗代町	土津神社

昭和30年12月27日	銅鐘	重文（工芸品）	喜多方市	勝福寺
昭和30年12月27日	銅製鰐口	重文（工芸品）	喜多方市	熊野神社
昭和30年12月27日	銅鐘	重文（工芸品）	会津美里町	法用寺
昭和30年12月27日	銅製鰐口	重文（工芸品）	下郷町	万願寺
昭和30年12月27日	如法寺のコウヤマキ	天然記念物	西会津町	如法寺
昭和31年9月4日	銅造五大虚空蔵菩薩坐像	重文（彫刻）	喜多方市	飯豊山神社
昭和31年9月4日	伝佐原義連の墓	史跡	喜多方市	―
昭和31年9月4日	蓋沼の浮島	天然記念物	会津美里町	国
昭和33年8月1日	木造十一面観音立像	重文（彫刻）	会津若松市	明光寺
昭和33年8月1日	観音寺宝篋印塔	重文（建造物）	猪苗代町	観音寺
昭和33年8月1日	木造阿弥陀如来坐像	重文（彫刻）	南会津町	善導寺
昭和33年8月1日	刀 陸奥会津住下坂為利ほか	重文（工芸品）	猪苗代町	土津神社
昭和33年8月1日	銅製鰐口	重文（工芸品）	南会津町	森戸区
昭和33年8月1日	別府の一里塚	史跡	喜多方市	喜多方市
昭和33年8月1日	旧一戸村制札場	史跡	喜多方市	
昭和33年8月1日 平成15年3月25日	米沢の千歳ザクラ	天然記念物	会津美里町	伊佐須美神社、会津美里町
昭和34年3月17日	木造聖観音立像・木造不動明王立像・木造毘沙門天立像・木造金剛力士像	重文（彫刻）	西会津町	如法寺
昭和35年3月29日	銅造聖観音菩薩立像	重文（彫刻）	会津若松市	羽黒山湯上神社
昭和35年3月29日	銅造聖観音菩薩立像	重文（彫刻）	喜多方市	福聚寺
昭和36年3月22日	絹本著色仏涅槃図・如意輪観音像・愛染明王像	重文（絵画）	会津若松市	観音寺

昭和36年3月22日	絹本著色土津神社霊神画像	重文（絵画）	猪苗代町	土津神社
昭和36年3月22日	木造行道面	重文（彫刻）	喜多方市	願成寺
昭和36年3月22日	銅製鰐口	重文（工芸品）	南会津町	鷲神社
昭和36年3月22日	比良林のサラサドウダン	天然記念物	只見町	—
昭和37年3月30日	木造地蔵菩薩坐像	重文（彫刻）	会津若松市	真福寺
昭和37年3月30日	紙本墨書猪苗代兼載書八代集秀逸	重文（書跡）	会津若松市	小平潟天満宮
昭和37年3月30日	古絵馬	重要有形民俗文化財	会津坂下町	大上区
昭和38年3月20日	木造十一面観音立像	重文（彫刻）	会津美里町	観音寺
昭和39年3月24日	木造文殊菩薩騎獅像	重文（彫刻）	喜多方市	熊野神社
昭和41年4月19日	絹本著色光明本尊	重文（絵画）	会津坂下町	光照寺
昭和41年4月19日	絹本著色十六善神像	重文（絵画）	会津若松市	正徳寺
昭和41年4月19日	木造薬師如来坐像	重文（彫刻）	会津坂下町	定徳寺
昭和42年4月4日	熊野神社御神像	重文（彫刻）	喜多方市	熊野神社
昭和42年12月8日	熊野神社本殿	重文（建造物）	喜多方市	熊野神社
昭和42年12月8日	天屋の束松	天然記念物	会津坂下町	—
昭和43年4月9日	絹本著色松平楽翁像	重文（絵画）	会津若松市	福島県
昭和43年12月10日	木造十一面観音立像	重文（彫刻）	会津美里町	法用寺
昭和43年12月10日	木造十一面観音立像	重文（彫刻）	会津美里町	法用寺
昭和43年12月10日	伝木造得道上人坐像	重文（彫刻）	会津美里町	法用寺
昭和44年4月11日	相馬家系図	重文（書跡）	会津若松市	歓喜寺
昭和44年4月11日	糠塚古墳群	史跡	喜多方市	—
昭和45年4月24日	旧佐々木家住宅	重文（建造物）	猪苗代町	（財）会津民俗館
昭和46年4月13日	旧南会津郡役所	重文（建造物）	南会津町	南会津町

昭和46年4月13日	十一面観音板木	重文（工芸品）	会津美里町	法用寺
昭和47年4月7日	絹本著色両界曼荼羅	重文（絵画）	会津美里町	龍興寺
昭和47年4月7日	日光・月光菩薩面	重文（彫刻）	磐梯町	恵日寺
昭和47年4月7日	冬木沢の空也念仏踊	重要無形民俗文化財	会津若松市	空也光陵会
昭和48年3月23日	旧長谷部家住宅	重文（建造物）	只見町	個人
昭和49年5月7日	木造聖観音坐像	重文（彫刻）	金山町	宮崎区
昭和49年5月7日	会津の仕事着コレクション	重要有形民俗文化財	猪苗代町	（財）会津民俗館
昭和50年5月30日	会津地方の寝具コレクション	重要有形民俗文化財	猪苗代町	（財）会津民俗館
昭和50年5月30日 昭和55年3月28日 平成12年3月31日	伊南川の漁撈用具	重要有形民俗文化財	南会津町	南会津町
昭和51年1月17日	木造薬師三尊及び十二神将立像	重文（彫刻）	会津坂下町	長龍寺
昭和51年5月4日	旧中畑陣屋主屋	重文（建造物）	会津若松市	（株）素対館
昭和51年5月4日	白山沼のイトヨ生息地	天然記念物	会津若松市	国
昭和53年4月7日	旧五十島家住宅	重文（建造物）	金山町	金山町
昭和53年4月7日	木造地蔵菩薩坐像	重文（彫刻）	湯川村	禅定寺
昭和53年4月7日	上三宮三島神社の太々神楽	重要無形民俗文化財	喜多方市	三島神社太々神楽保存会
昭和53年4月7日	田島の三匹獅子	重要無形民俗文化財	南会津町	田島町三匹獅子舞保存会
昭和54年3月23日	旧山内家住宅	重文（建造物）	南会津町	南会津町
昭和54年3月23日	絹本著色名体不離阿弥陀画像	重文（絵画）	会津若松市	歓喜寺
昭和54年3月23日	薬師如来光背化仏	重文（彫刻）	磐梯町	恵日寺
昭和54年3月23日	常世原田遺跡	史跡	喜多方市	諏訪神社ほか
昭和54年3月23日	大光寺供養塔	史跡	会津美里町	大光寺
昭和55年3月28日	木造聖徳太子立像	重文（彫刻）	会津美里町	常勝寺

昭和55年3月28日	伊佐須美神社の田植神事	重要無形民俗文化財	会津美里町	伊佐須美神社
昭和55年3月28日	奥会津の燈火用具	重要有形民俗文化財	南会津町	南会津町
昭和55年3月28日 昭和60年3月29日	法用寺三重塔　附　板絵図　1組	重文（建造物）	会津美里町	法用寺
昭和56年3月31日	田出宇賀神社御正体　附　懸仏　4面	重文（工芸品）	南会津町	田出宇賀神社
昭和56年3月31日	熊野神社御正体　附　懸仏　5面	重文（工芸品）	南会津町	熊野神社
昭和56年3月31日	藤生熊野神社懸仏　附　懸仏　2面	重文（工芸品）	南会津町	藤生熊野神社
昭和56年3月31日	奥会津の麻織用具と麻製品	重要有形民俗文化財	南会津町	南会津町
昭和57年3月30日	木造阿弥陀如来坐像	重文（彫刻）	南会津町	薬師寺
昭和57年3月30日	大般若経　附　経櫃　6合	重文（典籍）	喜多方市	熊野神社
昭和57年3月30日	鴫山城跡	史跡	南会津町	南会津町ほか
昭和58年3月25日	木造二十八部衆立像・風神・雷神共	重文（彫刻）	会津坂下町	恵隆寺
昭和58年3月25日	木造日光菩薩立像・木造月光菩薩立像附　木造宝光虚空蔵菩薩立像・木造聖観音菩薩立像	重文（彫刻）	会津坂下町	浄泉寺
昭和58年3月25日	金銅製双魚袋金具	重文（考古資料）	会津若松市	福島県
昭和58年3月25日	昭和村のからむし生産用具とその製品	重要有形民俗文化財	昭和村	昭和村
昭和59年3月23日	如法寺観音堂　附　仁王門　1棟	重文（建造物）	西会津町	如法寺
昭和60年3月29日	塔寺八幡宮長帳断簡	重文（古文書）	会津若松市	個人
昭和60年3月29日	久川城跡	史跡	南会津町	南会津町ほか
昭和61年3月31日	旧手代木家住宅	重文（建造物）	喜多方市	喜多方市
昭和61年3月31日	蒲生秀行廟	重文（建造物）	会津若松市	弘真院

昭和61年3月31日 平成11年3月30日	三島の年中行事	重要無形民俗文化財	三島町	三島町年中行事保存会
昭和62年3月27日	大名家婚礼調度等	重文（工芸品）	会津若松市	同慶寺
昭和62年3月27日	下柴の彼岸獅子	重要無形民俗文化財	喜多方市	下柴獅子団
昭和62年3月27日	旧修験高橋家所蔵修験資料	重要有形民俗文化財	西会津町	個人
昭和62年3月27日	旧修験川島家所蔵修験資料	重要有形民俗文化財	南会津町	個人
昭和62年3月27日	窪田遺跡	史跡	只見町	只見町
昭和63年3月22日	慶徳稲荷神社の田植神事	重要無形民俗文化財	喜多方市	慶徳稲荷神社 お田植えまつり保存会
昭和63年3月23日	木造十一面観音菩薩坐像	重文（彫刻）	喜多方市	久昌寺
昭和63年3月23日	五職神経塚出土銅製経筒 附 石製外容器　3口	重文（考古資料）	西会津町	西会津町
昭和63年3月23日	杉木之覚碑 附「不時囲杉木組定御請」　2点	重文（歴史資料）	西会津町	西会津町
昭和63年3月22日	奥会津の運搬用具ソリと付属品	重要有形民俗文化財	南会津町	南会津町
平成元年3月22日	旧岡崎家住宅	重文（建造物）	会津若松市	（株）神保
平成元年3月22日	青磁牡丹唐草文大瓶	重文（工芸品）	会津若松市	福島県
平成元年3月22日	原山1号墳出土埴輪	重文（考古資料）	会津若松市	福島県
平成元年3月22日	昭和村からむし織	重要無形文化財	昭和村	からむし技術保存団体
平成2年3月23日	旧修験榊原家所蔵修験資料	重要有形民俗文化財	猪苗代町	個人
平成2年3月23日	からむし生産	選定保存技術	昭和村	からむし技術保存団体
平成4年3月24日	旧外島家住宅	重文（建造物）	喜多方市	喜多方市
平成4年3月24日	銅鐘	重文（工芸品）	喜多方市	熊野神社
平成4年3月24日	梁川城本丸跡出土品	重文（考古資料）	会津若松市	梁川町

平成4年3月24日	梁川産パレオパラドキシア化石	天然記念物	会津若松市	福島県
平成4年3月24日	達沢大山祇神社社叢	天然記念物	猪苗代町	猪苗代町吾妻地区財産区
平成5年3月23日	木造釈迦如来立像	重文（彫刻）	喜多方市	太用寺
平成5年3月23日	木造阿弥陀如来坐像	重文（彫刻）	会津坂下町	薬王寺
平成5年3月23日 平成23年6月10日	松野千光寺経塚出土品	重文（考古資料）	喜多方市 会津若松市	喜多方市
平成6年3月31日	示現寺文書	重文（古文書）	喜多方市	示現寺
平成6年3月31日	石生前遺跡出土品	重文（考古資料）	柳津町	柳津町
平成6年3月31日	絹本著色恵日寺絵図	重文（歴史資料）	会津若松市	恵日寺
平成6年3月31日	旧修験佐藤家所蔵修験資料	重要有形民俗文化財	西会津町	個人
平成6年3月31日	奥会津の屋根葺用具と火伏せの呪具	重要有形民俗文化財	南会津町	南会津町
平成7年3月31日	会津松平氏庭園石造三重塔	重文（建造物）	会津若松市	会津若松市
平成8年3月22日	杵ガ森古墳	史跡	会津坂下町	会津坂下町
平成9年3月25日	赤銅製鬘子	重文（工芸品）	南会津町	泉光寺
平成9年3月25日	陸奥国会津城絵図	重文（歴史資料）	会津若松市	福島県
平成9年3月25日	アイヅタカサトカイギュウ化石	天然記念物	喜多方市	喜多方市
平成10年3月31日	絹本著色達磨図	重文（絵画）	会津若松市	天寧寺
平成10年3月31日	絹本墨画著色寒山図・絹本墨画著色拾得図	重文（絵画）	会津若松市	天寧寺
平成10年3月31日	木造薬師如来立像	重文（彫刻）	南会津町	薬師寺
平成10年3月31日	常世原田遺跡出土品	重文（考古資料）	会津若松市	福島県
平成10年3月31日	大戸窯跡群	史跡	会津若松市	―
平成11年3月30日	茶室麟閣	重文（建造物）	会津若松市	個人（会津若松市）
平成11年3月30日	木造聖徳太子立像	重文（彫刻）	喜多方市	金川寺

平成11年3月30日	銅製鰐口	重文（工芸品）	只見町	只見町
平成11年3月30日	檜枝岐歌舞伎	重要無形民俗文化財	檜枝岐村	千葉之家花駒座
平成11年3月30日	伊佐須美神社のフジ	天然記念物	会津美里町	伊佐須美神社
平成12年3月31日	大般若経経櫃　附　経箱　60口	重文（典籍）	会津若松市	自在院
平成12年3月31日	宮城家文書	重文（古文書）	西会津町	個人
平成12年3月31日	柳津の大神楽	重要無形民俗文化財	柳津町	藤の和芸能保存会
平成13年3月30日	旧猪股家住宅	重文（建造物）	南会津町	南会津町
平成13年3月30日	絹本著色熊野曼荼羅図	重文（絵画）	会津若松市	歓喜寺
平成13年3月30日	絹本著色普賢菩薩像	重文（絵画）	会津若松市	歓喜寺
平成13年3月30日	木造聖徳太子立像	重文（彫刻）	柳津町	正徳寺
平成13年3月30日	簗田家文書	重文（古文書）	会津若松市	個人
平成13年3月30日	猪苗代城跡　附　鶴峰城跡	史跡	猪苗代町	猪苗代町ほか
平成13年3月30日	大倉のコウヤマキ自生地	天然記念物	西会津町	―
平成13年3月30日	東松塩坪層の漣痕	天然記念物	西会津町	―
平成14年3月29日	森北1号墳出土品 附　塚出土資料　一括	重文（考古資料）	会津坂下町	会津坂下町
平成15年3月25日	南泉寺鐘楼門	重文（建造物）	南会津町	南泉寺
平成15年3月25日	家世実紀　附　目録　1冊 収納箱　5合	重文（典籍）	会津若松市	福島県
平成15年3月25日	流廃寺跡出土鉄剣金銀象嵌鉄剣	重文（考古資料）	会津若松市	棚倉町
平成15年3月25日	会津大念仏摂取講	重要無形民俗文化財	喜多方市 湯川村	会津大念仏摂取講保存会
平成15年3月25日	会津の染型紙と関係資料	重要有形民俗文化財	喜多方市	喜多方市
平成17年4月15日	南泉寺吉利支丹改中帳	重文（歴史資料）	南会津町	南泉寺

平成17年4月15日	磐梯神社の舟引き祭りと巫女舞	重要無形民俗文化財	磐梯町	磐梯町
平成17年4月15日	南郷の歌舞伎関連資料	重要有形民俗文化財	南会津町	南会津町
平成18年4月7日	法然影像及び血脈板木	重文（歴史資料）	喜多方市	願成寺
平成18年4月7日	小林・梁取の早乙女踊と神楽	重要無形民俗文化財	只見町	小林早乙女保存会 梁取芸能保存会
平成19年4月6日	大戸窯跡群出土品	重文（考古資料）	会津若松市	会津若松市
平成20年4月4日	法用寺観音堂	重文（建造物）	会津美里町	法用寺
平成20年4月4日	南郷の早乙女踊	重要無形民俗文化財	南会津町	鴇巣早乙女踊り保存会、界民俗芸能保存会、上平・上町早乙女保存会、下山民俗芸能保存会
平成21年4月3日	相馬・双葉地方の弥生時代石器	重文（考古資料）	会津若松市	福島県
平成22年5月21日	願成寺　本堂・旧阿弥陀堂・山門	重文（建造物）	喜多方市	願成寺
平成22年5月21日	陣が峯城跡出土品	重文（考古資料）	会津坂下町	会津坂下町
平成22年5月21日	絹本著色飯豊山山道絵図　附　桐箱	重文（歴史資料）	喜多方市	飯豊山神社
平成22年5月21日	八幡のケヤキ	天然記念物	下郷町	個人
平成23年6月10日	伊南の歌舞伎衣裳と道具	重要有形民俗文化財	南会津町	南会津町
平成26年9月30日	左下り観音堂	重文（建造物）	会津美里町	観音寺
平成28年4月26日	二軒在家の大クリ	天然記念物	喜多方市	個人
平成29年4月7日	木造薬師如来坐像	重文（彫刻）	会津美里町	螺良岡地区
平成30年4月6日	神皇正統記　只見本	重文（典籍）	只見町	只見町
平成30年4月6日	四穂田古墳出土品	重文（考古資料）	会津若松市	中島村

◆会津の市町村史の出版一覧

市町村史	巻数	年代
若松市史	上下巻	平成17年
会津若松史	12巻 別巻1巻	昭和39年～昭和42年
ビジュアル版 会津若松市史	25巻	平成11年～平成21年
喜多方市史	10巻 別巻2巻	平成3年～平成16年
北会津村誌（旧）	1巻	昭和42年
北会津村史（新）	3巻	平成19年～平成21年
猪苗代町史	3巻	昭和52年～昭和57年
北塩原村史	2巻	平成19年
磐梯町史	2巻	昭和60年～平成11年
河東町史	上下巻	昭和54年～昭和58年
西会津町（旧）	1巻	昭和31年
西会津町史（新）	13巻	平成3年～平成21年
山都町史	3巻	昭和61年～平成4年
塩川町史（旧）	1巻	昭和41年7月
塩川町史（新）	8巻	平成18年2月～平成26年3月
熱塩加納村史	3巻	昭和51年～昭和57年
会津高郷村史	4巻	昭和56年～平成14年
会津坂下町史（旧）	3巻	昭和49年～昭和54年
会津坂下町史（新）	第3巻・第6巻	平成17年、平成23年（発刊中）
柳津町誌	上下巻	昭和52年

湯川村史	4巻	昭和60年〜平成11年
会津高田町誌（旧）	1巻	昭和41年
会津高田町史（新）	7巻	平成7年〜平成14年
本郷町史	1巻	昭和52年
奥州会津新鶴村誌	1巻	昭和34年
金山町史	上下巻	昭和49年〜昭和51年
三島町史（旧）	1巻	昭和43年
三島町史（新）	第3巻	平成30年（発刊中）
昭和村の歴史	1巻	昭和48年
田島町史	10巻	昭和52年〜平成4年
下郷町史	8巻	昭和57年〜平成27年
館岩村史	5巻	平成4年〜平成13年
伊南村史	6巻	平成12年〜平成23年
檜枝岐村史	1巻	昭和45年
只見町史	6巻	平成4年〜平成16年

（平成三十年現在）

参考文献

『国史大辞典』（八代国治編・吉川弘文館）／『日本国語大辞典』（小学館）／『近世宿駅制度の研究～中山道追分宿を中心として』（児玉幸多著・吉川弘文館）／『随筆百花苑　1・2　在臆話記』（森銑三著・中央公論社）／『男爵山川先生傳』『男爵山川先生遺稿』（岩波書店）／『会津歴史年表』（会津史学会編・歴史春秋社）／『会津大事典』（会津大事典編纂会）『新編会津風土記』（歴史春秋社）／『会津藩家世實紀』（歴史春秋社）／『会津鑑』（高嶺慶忠編・歴史春秋社）／『会津の街道』（会津史学会編・歴史春秋社）／『会津戊辰戦争史料集』（宮崎十三八編・新人物往来社）／『会津戊辰戦争日誌　上下』（菊地明編著・新人物往来社）／『大僧正天海』（須藤光暉・富山房）／『会津資料叢書上下』（菊池重匡編・歴史図書社）／『続会津資料叢書　上下』（菊池重匡編・歴史図書社）／『会津藩教育考』（小川渉著・会津藩教育考発行会）／『志ぐれ草紙』（小川渉著・歴史春秋社）／『会津人物事典　文人編』（小島一男著・歴史春秋社）／『会津女性人物事典』（小島一男著・歴史春秋社）／「会津諸街道と奥州道中」安在邦夫、田崎公司編・吉川弘文館）／『会津本郷焼の歩み』（福島県陶業事業協同組合）／『会津坂下町の伝説と史話』（井関敬嗣著・浪花屋書店）／『丹羽村の誕生～会津藩士丹羽五郎の生涯』（高橋哲夫・歴史春秋社）

『会津史談』1～91号（会津史談会）／『歴史春秋』1～89号（会津史学会）
『会津若松史』『会津若松市史』『喜多方市史』『会津高田町誌』『会津高田町史』『会津坂下町史』
『猪苗代町史』『下郷町史』『田島町史』『湯川村史』『柳津町誌』『北会津村史』

あとがき

齢八十五を迎えて、この四十年ほど、会津に関する様々な雑話を書いたり、話したりなどしてきた。それらをまとめて出してみては、という誘いがあった。そこで、調べてみたら、何とまあくだらないことを性懲りもなく書いてきたものだ、と赤面するばかりだ。

頼まれると、どうも断りきれない、惨めな性格なので、つい渋々引き受けてしまう。その結果、数だけは多くなったことに驚いた。それでいて、一つも満足のいくものはない。ただ薄味のスープを「もっと飲め、もっと飲め」と無理強いしているかのようなものだ。

改めて読んでみると、粗製乱造もいいところだ。文体を統一しようとして幾つか書き直ししてみたが、かえって構えすぎて嫌らしさを感じた。

いっそのこと直しを入れないで自然体のまま赤裸々に自己をさらけ出した方が、後悔しないだろうと思った。そこで、勧められるままに出すことにした。そこには断り切れずについ引き受けてしまう我が身の愚かさがにじみ出て気恥ずかしい。

「ラジオ福島」との縁は長い。もう十数年にも及ぶ。よくまあこんなくだらない話に付き合って頂いた、小川栄一アナウンサーの辛抱強さには頭が下がる。彼の誘いについ乗りかかってしまい、恥をさらけ出してしまった。それでも、たびたび「ラジオ聴いたよ」という電話がかかってきて照れてしまう。

この「会津の歴史と文化」と題して行った放送は、何しろ五分間という制約の中で、会津の歴史や文化に関することを要領よく話さねばならない。そんな放送を百回にもなるに至った。そんな原稿の中から選んで取り上げてみた。

さらに、小雑誌などに書いたものや、講演を依頼された、その原稿なども入れてみた。出来上がった、その結果を見てみると、あまりにも雑多な文体で書いているので、まさに統一のとれてないこと、甚だしい。まるでごちゃまぜの雑炊のようで味気のないものになってしまっていた。

「文体だけでも統一したら」という助言も頂いたが、不揃いの文体もこの書の著者の特質と思い、手を入れずに元通りのままにしておいた。したがって、様々な所でボロを出して、浅はかな拙者の姿をよく表していると思うと、苦笑するしかない。そんなわけなので最初から生真面目に読んでもらっては困る。興味のある所だけでも軽く拾い読みしていただければ有難い。

振り返ってテーマをみてみると、よくまあ会津の様々な分野に興味、関心を持ったものだと、呆れかえっている。そこには、一つの物事に深く追求したり、調べたりするという姿勢には全く欠けていることが痛感させられた。

さらに、格式高い文章を威厳で以て書くことが全くの苦手であったので、私の文章は「わかりにくい、読みにくい」とか「何をいっているのか要領を得ない」と言われることが一番つらい。

この文章に一貫して流れるものは「会津への興味・関心」と「愛情」だった。いつも、会津のことをお話することに快感を生じる、という偏屈な心情の持ち主なのである。それだからこそ、私の書にはほとんど「会津」という名がつけられているのかも知れない。

それは《あいづ》という言葉の響きに酔いつぶれている姿をさらけ出していることにもなる。そして、《あいづ》という言葉の快い響きから逃れることのできない私の生涯なのかもしれない。そんなわけで、今迄会津に関した話の中から「こぼれた話」などを拾い出して、読み物に仕立ててみたのである。その際、小野寺今日さんには大変お世話になった。

最後になったが、わたしの書はほとんど歴史春秋出版社から出させてもらった。高校の同級生の阿部隆一社長の援助は大きかった。我儘な小生の言うことを、よくまあ我慢強く聞いてくれていた。彼がいなかったならば、こんなに多くの書を出すことはできなかった。約三十五年にも及ぶ月日が充実していたと言われれば、それの大半は阿部君のお蔭であり、感謝、感謝である。

さらに、歴史春秋社に出入して、多くの編集の人たちにも世話になった。御名前をあげて謝意を表したい。

植村圭子／杉原　勝／田原　整／武藤かつの／若林道子／関川麻紀子／渡部美香／藤木佐季子／三浦明以子／金森由香里／村山唱子／佐藤萌香／小野寺今日（順不同　敬称略）

なお、くだらないことに夢中になって、家のことなど構わない私に、いつも文句を言いながら助けてくれた糟糠の妻、富子に恥ずかしながらこの書を送らせてもらう。目がショボショボになりながら筆を擱く。

令和元年十二月

笹川壽夫

著者略歴

笹川壽夫（ささがわ・としお）

昭和８年（1933）会津美里町生まれ。

会津高校卒業、國學院大学文学部卒業。

会津川口高校、坂下高校、大沼高校、会津高校各教諭、白河女子高校、会津女子高校教頭を最後に退職。

現在、会津史学会理事、会津美里町文化財保護審議会会長、会津高田郷土史研究会会長。

主な著書

『会津の文化　会津の文人を追い求めて』

『歴春ふくしま文庫㊽　ふくしまの地名を拾う』

『改訂新版　会津のお寺さん』

『歴春ブックレット12　会津のお寺さん』

『歴春ブックレット14　会津の神社』

『会津やきもの紀行』

『わたしの会津古寺巡礼』

『会津の文人たち』など。

編・共著

『会津の寺　会津若松市・北会津村の寺々』

『会津の寺　耶麻・河沼・大沼・南会津の寺々』

『新版 会津の峠　上下』

『ふくしまの文化財（会津編）』

『ひと目で分かる　会津の史跡と文化財めぐり』

『わかりやすい　会津の歴史』

『幕末から明治に生きた　会津女性の物語』

『会津人の誇り』など。

（全て歴史春秋社）

会津こぼれ話　―伝えておきたい会津の話

2019年12月22日　初版第１刷発行

著　　者　　笹　川　壽　夫
発 行 者　　阿　部　隆　一
発 行 所　　歴史春秋出版株式会社
〒965-0842　福島県会津若松市門田町中野大道東
電　話（0242）26-6567
ＦＡＸ（0242）27-8110
http://www.rekishun.jp
e-mail　rekishun@knpgateway.co.jp
印　　刷　　北日本印刷株式会社

笹川壽夫の本

会津の寺　会津若松市・北会津村の寺々
笹川壽夫・滝沢洋之・間島勲・野口信一共著
在庫なし
2,381円+税

会津の寺　耶麻・河沼・大沼・南会津の寺々
3,333円+税

【改訂新版】会津のお寺さん
952円+税

歴春ブックレット12
会津のお寺さん
在庫なし
486円+税

歴春ブックレット14
会津の神社
在庫なし
486円+税

会津やきもの紀行
1,553円+税

ふくしまの文化財【会津編】
3,000円+税

ひと目で分かる
会津の歴史と文化財めぐり
在庫なし
800円+税

会津の峠　上・下〈新版〉
上巻在庫なし
各1,500円+税

歴春ふくしま文庫88
ふくしまの地名を拾う
在庫なし
1,200円+税

会津の文化　会津の文人を追い求めて
在庫なし
2,800円+税

わかりやすい
会津の歴史　幕末・会津編
鈴木荘一・笹川壽夫共著
在庫なし
1,500円+税

【改訂新版】幕末から明治に生きた
会津女性の物語
大石邦子・小桧山六郎・笹川壽夫・鶴賀イチ・間島勲・三角美冬共著
1,500円+税

会津人の誇り
前田新・笹川壽夫・庄司裕・三角美冬共著
1,400円+税

わたしの
会津古寺巡礼
在庫なし
1,300円+税

会津の文人たち
2,500円+税